马克思主义理论研究和建设工程重点教材《西方经济学》（下册）配套习题集

- 二十一世纪“双一流”建设系列精品教材
- 教育部第二批“国家级一流本科课程（线上课程）”配套教材
- 四川省精品课程建设项目“西方经济学”配套教材

宏观经济学习题集

（第二版）

主编○陈晓玲　曾志远　杨海涛　邹红

西南财经大学出版社
Southwestern University of Finance & Economics Press
中国·成都

图书在版编目(CIP)数据

宏观经济学习题集/陈晓玲等主编.--2版.
成都:西南财经大学出版社,2025.7.--ISBN 978-7-5504-6357-8
Ⅰ.①F015-44
中国版本图书馆 CIP 数据核字第 20248MJ535 号

宏观经济学习题集(第二版)

主　编　陈晓玲　曾志远　杨海涛　邹　红

责任编辑:李晓嵩
责任校对:杜显钰
封面设计:何东琳设计工作室
责任印制:朱曼丽

出版发行	西南财经大学出版社(四川省成都市光华村街55号)
网　　址	http://cbs.swufe.edu.cn
电子邮件	bookcj@swufe.edu.cn
邮政编码	610074
电　　话	028-87353785
照　　排	四川胜翔数码印务设计有限公司
印　　刷	郫县犀浦印刷厂
成品尺寸	185 mm×260 mm
印　　张	15.375
字　　数	342千字
版　　次	2025年7月第2版
印　　次	2025年7月第1次印刷
印　　数	1—2000册
书　　号	ISBN 978-7-5504-6357-8
定　　价	39.80元

第二版前言

《宏观经济学习题集》系马克思主义理论研究和建设工程重点教材《西方经济学》（下册）的配套习题集。其内容严格依照《西方经济学》（下册）的章节架构编排，共八章内容。

本书适用于高等院校本科生宏观经济学课程的辅助学习，亦可供考研复习参考。本书紧密围绕教材，内容涉及宏观经济学的基本概念、基础理论、分析方法以及宏观经济理论的灵活运用，全面覆盖教材涉及的知识点，助力学生系统掌握与灵活运用宏观经济学的基础知识和分析方法。本书题量充足、题型丰富，设有单项选择题、判断题、简答题、计算题与论述题五种题型，能从多个角度、不同层次检测并巩固学生对宏观经济学各知识点的学习成果。

本书是集体协作的结晶。本书由西南财经大学经济学院陈晓玲副教授牵头组织学院教师共同编写。编者凭借多年宏观经济学教学经验，以习题形式提炼各章知识点，进而成书。具体编写分工如下：第一章、第二章由邹红教授编写；第三章、第四章由曾志远教授编写；第五章、第八章由杨海涛教授编写；第六章、第七章由陈晓玲副教授编写。

本书于2020年5月首次出版，并于2021年3月、2022年8月、2023年8月，分别进行第2~4次重印，累计发行近万册。本书自出版以来，受到广泛关注与好评，同时也暴露出一些不足。基于广大读者的反馈，我们在第一版基础上进行修订。首先，我们对原题目中的错误予以订正；其次，我们结合当下经济发展实际与宏观经济学课程发展趋势，对各章节的单项选择题和判断题进行扩充；最后，我们删除部分章节中陈旧的题目。本次再版修订旨在优化原有题目，拓展知识点覆盖范围，加深考查深度。当然，本书仍存在诸多有待完善之处，我们诚盼广大读者继续提出宝贵意见与建议，我们将不断努力打造更贴合教学实际、更契合学习需要的优质宏观经济学习题集。

编者

2025年3月于成都

目录 CONTENTS

第一部分　宏观经济学习题

第二部分　宏观经济学习题参考答案

第一部分

宏观经济学习题

第一章
宏观经济的基本指标及其衡量

一、单项选择题

1. 下列关于国内生产总值的说法中，正确的有（　　）。

A. 一年内一个经济中的所有交易的市场价值

B. 一年内一个经济中交换的所有商品和劳务的市场价值

C. 一年内一个经济中交换的所有最终商品和劳务的市场价值

D. 一年内一个经济中当年生产的所有最终商品和劳务的市场价值

2. GDP 是衡量经济增长的一个较好指标，是因为（　　）。

A. GDP 以货币表示，易于比较

B. GDP 的增长总是意味着已发生的实际经济增长

C. GDP 的值不仅可以反映一国的经济实力，还可以反映一国的经济福利程度

D. 以上说法都对

3. 下列选项中，能计入 GDP 的有（　　）。

A. 家庭主妇的家务劳动折合价值　　B. 出售股票的收入

C. 拍卖毕加索作品的收入　　D. 为邻居照看儿童所得的收入

4. 下列选项中，能计入 GDP 的是（　　）。

A. 一家公司购买一幢旧楼

B. 银行向某企业收取一笔贷款利息

C. 一家供应商向制造个人电脑的公司出售电脑芯片

D. 家庭购买普通股票

5. 下列选项中，不列入国内生产总值核算的是（　　）。

A. 出口到国外的一批货物

B. 政府给贫困家庭发放的一笔救济金

C. 经纪人为一座旧房屋买卖收取的佣金

D. 顾客在餐馆支付的餐费

6. GDP 账户不反映以下哪一项交易（　　）。

A. 卖掉以前拥有的住房时，付给房地产经纪商 6%的佣金

B. 在游戏中赢得的 1 000 元

C. 新建但未销售的住房

D. 向管道工维修管道支付的工资

7. 下列选项中，不应该计入 GNP 的有（　　）。

A. 一辆新汽车的价值

B. 一台磨损的机器的替代品

C. 一辆二手车按其销售价格的价值

D. 一辆经过整修的汽车所增加的价值

8. 下列选项中，能计入 GDP 的有（　　）。

A. 国内居民购买了一台二手海尔电视机

B. 国内家庭购买 200 股海尔普通股股票

C. 海尔电器库存增加电视机 1 万台

D. 政府向某公司的下岗工人提供失业救济金

9. 如果两个邻居相互帮忙，一个为对方修水电，另一个为对方修自行车，都向对方付费，他们的行为使得 GDP（　　）。

A. 增加　　B. 减少

C. 没有影响　　D. 可能增加也可能减少

10.“面粉是中间产品”这一说法（　　）。

A. 一定是不对的　　B. 一定是对的

C. 可能是对的，也可能是不对的　　D. 以上三种说法都对

11. 国内生产总值中的最终产品是指（　　）。

A. 有形的产品

B. 无形的产品

C. 既包括有形的产品，也包括无形的产品

D. 供以后的生产阶段作为投入的产品

12. 在国民收入支出法核算中，住房属于（　　）。

A. 家庭消费支出　　B. 企业投资支出

C. 政府购买支出　　D. 以上都不是

13. 已知某国的资本存量在年初时为 2 000 亿元，该国在本年度生产了 500 亿元的资本品，同时资本的折旧消耗是 300 亿元，则该国在本年度的总投资、净投资和总资本存量分别为（　　）。

A. 500 亿元、200 亿元、2 200 亿元　B. 500 亿元、2 500 亿元、2 200 亿元

C. 500 亿元、300 亿元、2 200 亿元　D. 200 亿元、500 亿元、2 500 亿元

14. 政府向公办小学老师支付的工资属于（　　）。

A. 消费　B. 投资　C. 政府购买　D. 转移支付

15. 在国民收入核算体系中，计入政府支出的是（　　）。

A. 政府购买物品的支出

B. 政府购买物品和劳务的支出加上政府的转移支付之和

C. 政府购买物品和劳务的支出

D. 政府工作人员的薪金加上政府的转移支付

16. 净出口是指（　　）。

A. 出口加进口　　B. 全部产品无内销，均出口

C. 出口减进口　　D. 进口减出口

17. GNP 与 NNP 的不同在于（　　）。

A. 价格变化　　B. 折旧

C. 生产能力的提高　　D. 技术水平的差异

18. 从国内生产总值扣除（　　）成为国内生产净值。

A. 直接税　B. 原材料支出　C. 折旧　D. 间接税

19. 下列选项中，不属于总需求的是（　　）。

A. 政府购买　B. 税收　C. 净出口　D. 投资

20. 社会保障支付属于（　　）。

A. 政府购买支出　B. 税收　C. 转移支付　D. 消费

21. 在国民收入核算中，个人收入包括（　　）。

A. 社会保险金　　B. 公司所得税

C. 公司未分配利润　　D. 转移支付

22. 下列选项中，不属于要素收入但被居民收到的是（　　）。

A. 租金　　B. 银行存款利息

C. 红利　　D. 养老金

23. 如果一个社会体系的消费支出为6亿元，投资支出为1亿元，间接税为1亿元，政府用于商品和劳务的支出为1.5亿元，出口额为2亿元，进口额为1.8亿元，则下列选项中，正确的是（　　）。

A. NDP为8.7亿元　　B. GDP为8.7亿元

C. GDP为7.7亿元　　D. NDP为7.7亿元

24. 下列说法中，错误的是（　　）。

A. GDP和GNP都是流量概念

B. GDP是地域概念，GNP是国民概念

C. GDP和GNP都是以市场交换为基础的

D. GDP和GNP是同一概念，没有区别

25. 正确的统计恒等式为（　　）。

A. 投资≡储蓄　　B. 投资≡消费

C. 总支出-投资≡总收入-储蓄　　D. 储蓄≡消费

26. 如果个人收入为5 700元，个人所得税为900元，消费为4 300元，利息支付为100元，个人储蓄为400元，那么个人可支配收入为（　　）。

A. 5 000元　　B. 4 800元　　C. 4 700元　　D. 4 000元

27. 一国的国内生产总值大于国民生产总值，说明该国公民从外国取得的收入（　　）外国公民从该国取得的收入。

A. 大于　　B. 小于

C. 等于　　D. 可能大于也可能小于

28. 如果某国名义GDP从1990年的10 000亿元增加到2000年的25 000亿元，物价指数从1990年的100增加到2000年的200，若以1990年不变价计算，该国2000年的GDP为（　　）。

A. 10 000亿元　　B. 12 500亿元

C. 25 000亿元　　D. 50 000亿元

29. 假设2000年的名义国民生产总值为500亿元，如果2005年国民生产总值的计算价格比基年翻了一番，并且实际产出比基年增加了50%，则2005年的名义国民生产总值为（　　）。

A. 750亿元　　B. 1 000亿元　　C. 1 500亿元　　D. 2 000亿元

30. 当实际GDP为175亿元，GDP价格缩减指数为160时，名义GDP为（　　）。

A. 110亿元　　B. 157亿元　　C. 280亿元　　D. 175亿元

31. 假定某国2010年和2013年的名义GDP分别为1 200亿元和2 000亿元，GDP平减指数分别为1.0和1.5，可推论2010年和2013年相比，（　　）。

A. 名义 GDP 上升 33%　　B. 实际 GDP 不变
C. 实际 GDP 上升 11%左右　　D. 实际 GDP 下降

32. 如果 A 国经济在 2012 年（基期）的 GDP 为 2 000 亿元，2013 年 GDP 平减指数等于 2，而实际 GDP 增加 50%，那么 2013 年的名义 GDP 等于（　　）。

A. 8 000 亿元　　B. 7 000 亿元　　C. 6 000 亿元　　D. 5 000 亿元

33. 如果当期价格低于基期价格，那么（　　）。

A. 实际 GDP 等于名义 GDP　　B. 实际 GDP 小于名义 GDP
C. 实际 GDP 和名义 GDP 是同一回事　　D. 实际 GDP 大于名义 GDP

34. 如果名义 GDP 由 20 000 亿元上升到 23 000 亿元，并且 GDP 平减指数由 1.25 上升到 1.50，则（　　）。

A. 实际 GDP 上升　　B. 实际 GDP 下降
C. 实际 GDP 不变　　D. 无法确定实际 GDP 是否变化

35. 失业率的计算是用（　　）。

A. 失业工人的数量除以就业工人的数量
B. 劳动力总量除以失业工人的数量
C. 失业工人的数量除以劳动力总量
D. 就业工人的数量除以失业工人的数量

36. 某国人口总数是 1 000 万人，其中劳动力是 800 万人，就业者是 700 万人，该国失业率是（　　）。

A. 10%　　B. 30%　　C. 20%　　D. 12.5%

37. 假设一国劳动力市场初始的离职率为 0.01，失业人口就业率为 0.19，2019 年该国政府推出再就业政策，将失业人员的就业率提高到 0.24，该政策对该国劳动力市场的自然失业率产生怎样的影响（　　）。

A. 自然失业率将保持不变　　B. 自然失业率将提高
C. 就业率将下降　　D. 自然失业率将下降

38. 通货膨胀是指（　　）。

A. 主要消费品价格上涨　　B. 生活必需品价格上涨
C. 社会物价水平持续普遍上涨　　D. 主要生产要素价格上涨

39. 关于 CPI、PPI 和 GDP 平减指数，下列说法中，正确的是（　　）。

A. 从德国进口的宝马轿车涨价不会导致中国 GDP 平减指数上升
B. 中国进口的韩国生产的化妆品涨价不会影响中国的 CPI
C. PPI 涉及的产品是生产中使用的产品，包括原材料等，但不包括半成品
D. 企业或政府购买的产品的价格变动情况不仅会反映在 GDP 平减指数上，也会反映在 CPI 上

二、判断题

1. 罐头厂制作苹果罐头而买的苹果和居民购买的苹果都应计入国内生产总值。（ ）

2. 当一个人决定去看电影而不是在书房看书来消磨周末的时光，GDP 将增加。（ ）

3. 已生产出来但当年未售出的产品也应计入投资。（ ）

4. 企业购买一辆轿车属于经济学意义上的投资范畴，而家庭购买公司债券则不应计入投资。（ ）

5. 一般而言，出口减少国民收入，进口创造国民收入。（ ）

6. 如果有人在中国购买了澳大利亚生产的柑橘，那么这个支出既会计入中国 GDP 中的消费部分，也会计入中国 GDP 中的进口部分。（ ）

7. GDP 是计算期内生产的最终产品和服务的市场价值，因而 GDP 是存量而不是流量的概念。（ ）

8. 充分就业就是不存在失业。（ ）

9. 国民收入核算体系将 GDP 作为核算国民经济活动的核心指标。（ ）

10. 在国民收入核算中，产出等于收入。（ ）

11. 政府转移支付应计入 GDP 中。（ ）

12. GDP 被定义为经济社会在一定时期内运用生产要素所生产的全部产品的市场价值。（ ）

13. 国内生产总值等于各种最终产品和中间产品的价值总和。（ ）

14. 在国内生产总值的计算中，所谓商品，只包括有形的实物产品。（ ）

15. 今年的名义国内生产总值大于去年的名义国内生产总值，说明今年物价水平一定比去年高。（ ）

16. GDP 平减指数和 CPI 指数的价格衡量范围是一样的。（ ）

17. 劳动参与率可以反映市场上闲置的劳动力数量的情况。（ ）

三、简答题

1. 自然失业率中的“自然”是什么意思？为何各国的自然失业率不同？

2. 支出法核算的 GDP 由哪几个部分组成？简要说明下列交易影响 GDP 的哪一部分。

（1）家庭购买了一台新冰箱。

（2）某位老师购买了一套新房子。

（3）Gateway 公司从其存货中出售了一台电脑。

（4）在阳光明媚的星期六早上，你悠闲地漫步到学校食堂买了一份早餐。

（5）某位女同学购买了一瓶法国香水。

3. 举例说明 GNP 与 GDP 之间的区别。

4. 区分名义 GDP 和实际 GDP，并说明引入实际 GDP 的意义。

5. 说明 GDP 平减指数和 CPI 指数的异同之处。

6. 下列项目是否计入 GDP，为什么？

（1）政府发放给残疾人的救济金。

（2）购买高端企业淘汰的设备。

（3）购买中国工商银行的普通股股票。

（4）某人竞拍并得到一处地产。

四、计算题

1. 某年发生如下经济活动：

（1）一银矿公司向矿工支付 7.5 万元工资，开采了 50 千克银卖给银器制造商，售价为 10 万元。

（2）银器制造商向工人支付 5 万元工资，制造了一批餐具售卖给顾客，售价为 40 万元。

请计算：（1）用支出法（最终产品）计算 GDP。

（2）在生产活动中赚得的工资和利润各是多少？用收入法计算 GDP。

2. 假如某国企业在本国的收入为200亿元，在国外的收入为50亿元；该国国民在本国的劳动收入为120亿元，在国外的劳动收入为10亿元；外国企业在该国的收入为80亿元，外国人在该国的劳动收入为12亿元，请计算该国的GNP和GDP。

3. 假设一个国家有以下国民经济统计资料：净投资130亿元，净出口20亿元，折旧60亿元，政府转移支付100亿元，企业间接税80亿元，政府购买220亿元，社会保险金120亿元，个人消费支出700亿元，企业未分配利润90亿元，企业所得税65亿元，个人所得税85亿元。

请计算：(1) 国民生产总值（GNP）。

(2) 国民生产净值（NNP）。

(3) 国民收入（NI）。

(4) 个人收入（PI）。

(5) 个人可支配收入（DPI）。

4. 假定一国有下列国民收入统计资料：国内生产总值 5 000 亿元，个人可支配收入 4 100 亿元，政府预算赤字 200 亿元，个人消费支出 3 800 亿元，贸易赤字 100 亿元。

请计算：(1) 储蓄（S）。

(2) 投资（I）。

(3) 政府支出（G）。

5. 假设某国某年的国民收入经济数据如表 1-1-1 所示。

表 1-1-1　国民收入经济数据　　单位：亿元

项目	金额
个人租金收入	31.8
折旧	287.3
雇员的报酬	1 596.3
个人消费支出	1 672.8
营业税和国内货物税	212.3
企业转移支付	10.5
统计误差	-0.6
国内私人总投资	395.3
产品和劳务出口	339.8
政府对企业的净补贴	4.6
政府对产品和劳务的购买	534.7
产品和劳务进口	316.5
净利息	179.8
财产所有者的收入	130.6
公司利润	182.7

请计算：(1) 用支出法计算 GDP。

(2) 国内生产净值。

(3) 用两种方法计算国民收入。

6. 一经济社会生产三种产品：书、面包和菜豆。它们在 2018 年和 2019 年的产量与价格如表 1-1-2 所示。

表 1-1-2 三种产品产量和价格

产品	2018 年		2019 年	
	产量	价格/元	产量	价格/元
书（册）	100	10	110	10
面包（条）	200	1	200	1.5
菜豆（千克）	500	0.5	450	1

请计算：（1）2018 年名义 GDP。

（2）2019 年名义 GDP。

（3）以 2018 年为基期，2018 年和 2019 年的实际 GDP 是多少？这两年实际 GDP 变化多少百分比？

（4）以 2019 年为基期，2018 年和 2019 年的实际 GDP 是多少？这两年实际 GDP 变化多少百分比？

（5）以 2018 年为基期，计算 2018 年和 2019 年的 GDP 平减指数。

（6）这段时期的通胀率是多少？

7. 假设 A 国生产并消费面粉、手机和化妆品三种商品，2017—2019 年的商品产量与价格如表 1-1-3 所示。

表 1-1-3　2017—2019 年的商品产量与价格

年份	面粉		手机		化妆品	
	产量/千克	价格/元	产量/台	价格/元	产量/套	价格/元
2017	8	5	5	3 000	20	200
2018	7	3	6	3 500	21	240
2019	9	4	5	4 000	24	300

请计算：（1）该国 2018 年和 2019 年的名义 GDP 是多少？

（2）以 2017 年的价格为基期价格，该国 2018 年和 2019 年的实际 GDP 是多少？

（3）该国统计局以 5 千克面粉、5 台手机、10 套化妆品的商品组合构成一个统计篮子，并以 2017 年的价格为基年价格，该国 2018 年和 2019 年的 CPI 是多少？

（4）该国 2018 年和 2019 年的通货膨胀率是多少？

8. 假设某国价格水平在2017年为107.9，在2018年为111.5，在2019年为114.5。请计算：（1）2018年和2019年的通货膨胀率各为多少？

（2）若以前两年通货膨胀的平均值作为第三年通货膨胀的预期值，2020年的通货膨胀率为多少？

（3）若2020年的利率为6%，该年的实际利率为多少？

五、论述题

1. 2019年6月，全国居民消费价格同比上涨2.7%。其中，城市和农村均上涨2.7%；食品价格上涨8.3%，非食品价格上涨1.4%；消费品价格上涨3.2%，服务价格上涨1.8%。2019年上半年，全国居民消费价格比2018年同期上涨2.2%。CPI反映了价格水平状况，提供了国民生活成本的信息，但是CPI也存在一定的局限和偏差，请对CPI的局限性和引起偏差的因素进行评析。

2. 针对失业的分类，谈一谈在达到充分就业的情况下，政府还可以如何进一步减轻我国的失业压力。

3. 分别利用 GDP 体系来衡量中国 1978—2008 年改革开放 30 年获得的成就和 2012—2018 年新常态时期获得的成就时，哪段时间的衡量更加准确，为什么？

4. 常用的 GDP 核算方法有哪几种，分别解释。

5. 如果将欧盟所有成员国合并为一个国家，那么合并后的国家的 GDP 相比于欧盟所有成员国的 GDP 之和会增加还是减少（假定各国产出不变，有贸易往来)?

第二章

国民收入的决定：收入-支出模型

一、单项选择题

1. 下列说法中，错误的是（　　）。

A. 当消费小于可支配收入时储蓄为正

B. 自主消费通常假定为常数

C. 引致消费不会为负

D. 当消费为正时储蓄为负

2. 引致消费取决于（　　）。

A. 收入　　B. 自主消费

C. 边际消费倾向　　D. 可支配收入和边际消费倾向

3. 如果在消费—收入图形上，消费曲线向下移动，这意味着（　　）。

A. 收入减少导致消费减少　　B. 收入增加导致消费增加

C. 非收入等其他原因导致消费减少　　D. 非收入等其他原因导致消费增加

4. 关于凯恩斯对消费函数的猜测，下列说法中，错误的是（　　）。

A. 消费取决于收入和储蓄　　B. 现期收入是决定消费的主要因素

C. 边际消费倾向为 0~1　　D. 平均消费倾向随收入增加而下降

5. 在三部门经济中，政府转移支付增加 3 亿元时，国民收入增加 9 亿元，此时国民边际储蓄倾向为（　　）。

A. 0. 25　　B. 0. 333　　C. 0. 75　　D. 3

6. 存在闲置资源的条件下，如果政府购买支出增加，那么 GDP 将（　　）。

A. 减少，但减少量小于政府购买支出的增加量

B. 减少，但减少量多于政府购买支出的增加量

C. 增加，其增加量小于政府购买支出的增加量

D. 增加，其增加量多于政府购买支出的增加量

7. 假定一个国家的居民平均所得税税率为 0.375，边际消费倾向为 0.8，如果中央政府决定增加道路建设财政资金 20 亿元，其他经济环境不变。依据简单乘数模型，这一政策将会使该国的 GDP（　　）。

A. 上升 20 亿元　　B. 上升 40 亿元

C. 上升 100 亿元　　D. 上升 32 亿元

8. 如果消费函数为 $C=300+0.6(Y-T)$，政府支出乘数为（　　）。

A. 2　　B. 3　　C. 2.5　　D. 4

9. 投资乘数（　　）。

A. 与转移支付乘数相同　　B. 与税收乘数相同

C. 与政府支出乘数相同　　D. 为税收乘数的相反数

10. 在简单凯恩斯乘数中，乘数的重要性依赖于（　　）。

A. 投资函数的斜率　　B. 消费函数的斜率

C. 实际货币供应量　　D. 实际利率

11. 税收对投资乘数的影响是（　　）。

A. 使乘数变大　　B. 使乘数变小

C. 乘数保持不变　　D. 与税收的种类有关

12. 生命周期消费理论和持久收入消费理论都认为（　　）。

A. 当期消费决策会基于对未来收入的预期

B. 社会上年轻人和老年人的比例增大，则社会消费倾向会提高

C. 经济衰退期的消费倾向高于长期的平均消费倾向

D. 以上都正确

13. 增加政府购买支出 200 元比降低税收 200 元对 GDP 的影响程度（　　）。

A. 更大　　B. 更小

C. 一样　　D. 取决于边际消费倾向

14. 若三部门经济的消费函数为 $C=150+0.8(Y-T)$，且政府税收 T 与自发性投资支出 I_0 同时增加 50 亿元，则均衡收入水平将（　　）。

A. 增加 100 亿元　　B. 减少 50 亿元

C. 增加 50 亿元　　D. 保持不变

15. 在两部门经济中，总供给为 300 亿元，消费为 150 亿元，而投资是 100 亿元，该经济中（　　）。

A. 计划投资等于计划储蓄　　B. 非计划存货投资小于 0

C. 非计划存货投资等于 0　　D. 非计划存货投资大于 0

16. 下列说法中，正确的是（　　）。

A. 社会消费函数是家庭消费函数的总和

B. 社会消费曲线是家庭消费曲线的简单加总

C. 国民收入分配越均等，社会消费曲线越向下移动

D. 企业的未分配利润在利润中所占比例越大，社会消费曲线越会向上移动

17. 在一个三部门经济中，如果税收增加 100，收入会减少 400，那么如果政府支出增加 200，收入会（　　）。

A. 增加 800　　B. 减少 800　　C. 增加 1 000　　D. 减少 1 000

18. 如果投资乘数为 10，则在其他条件不变的情况下，税收乘数为（　　）。

A. −2　　B. 2　　C. −9　　D. 9

19. 在两部门经济中，国民收入处于均衡水平时，（　　）。

A. 收入总额必须正好等于消费的那部分收入加上计划投资总额

B. 收入总额必须等于消费者计划用掉的那部分收入加上计划储蓄的数额

C. 国民收入数额必须正好等于计划投资与储蓄相加的总额

D. 消费者支出总额必须正好等于“收支相抵”的收入水平

20. 若计划投资超过计划储蓄，那么（　　）。

A. 总供给将大于总需求　　B. 在未充分就业情况下将增加就业

C. 将产生通货膨胀缺口　　D. 经济将处于非预期状态

21. 在两部门经济体制中，若消费函数为 $c = \alpha + \beta y$，其中 $\alpha > 0$，$\beta > 0$，边际储蓄倾向（　　）。

A. 大于平均储蓄倾向　　B. 等于平均储蓄倾向

C. 小于平均储蓄倾向　　D. 不确定

22. 消费者储蓄增多而消费支出减少，则（　　）。

A. GDP 将下降，但储蓄 S 将不变　　B. GDP 将下降，但储蓄 S 将上升

C. GDP 和储蓄 S 都将下降　　D. GDP 不变，但储蓄 S 将下降

23. 边际消费倾向的值越大，则（　　）。

A. 总支出曲线就越平坦　　B. 边际储蓄倾向的值越大

C. 乘数的值就越小　　D. 总支出曲线就越陡峭

24. 短期国民收入的决定因素不包括（　　）。

A. 乘数　　B. 投资需求

C. 消费需求和储蓄　　D. 国外需求

25. 下列因素中，（　　）一定导致社会整体当期消费增加。

A. 利率降低

B. 收入分配更均等

C. 公司未分配利润在利润总额占比更大

D. 政府实施累退税率

26. 下列选项中，说法正确的是（　　）。

A. 研究指出，高收入家庭的平均消费倾向高

B. 经济学家一般认为，利率提高会减少消费、增加储蓄

C. 生命周期假说认为，人们希望自己一生平稳消费

D. 永久收入假说认为，人们拥有稳定的平均消费倾向

27. 下列说法中，关于生命周期的消费理论和恒久收入的消费理论正确的是（　　）。

A. 生命周期的消费理论更偏重于个人如何预测自己未来的收入问题

B. 恒久收入的消费理论更偏重于对储蓄动机的分析

C. 根据生命周期的消费理论，社会上中年人比例增大，消费倾向会上升

D. 根据恒久收入的消费理论，政府通过增减税收来影响总需求，不可能完全有效

28. 下列关于乘数的说法中，错误的是（　　）。

A. 乘数发挥作用要看货币供给量的增加能否适应投资支出增加的需要

B. 乘数作用发挥中，企业和个人增加的收入不能用于购买进口物品和劳务

C. 政府需要在乘数发挥作用期间同时向社会借款

D. 经济中有一定闲置的资源和生产能力是乘数发挥作用的条件

29.（　　）经济政策将导致收入水平有最小变化。

A. 投资增加 100 亿元　　B. 政府支出增加 100 亿元

C. 净出口增加 100 亿元　　D. 税收减少 100 亿元

30. 在下列情况中，消费的增加很可能难以拉动投资的增加的是（　　）。

A. 社会上存在大量闲置劳动力　　B. 企业普遍存在大量闲置设备

C. 生产厂商数量不够多　　D. 企业普遍存在大量的已生产出的产品

31. 下列选项中，除（　　）外，其他都可能对乘数发挥作用产生影响。

A. 经济体中过剩生产能力的大小

B. 自发消费的大小

C. 部分资源“瓶颈约束”程度的大小

D. 货币供给是否适应支付的需要

32. 政府对社会消费需求和投资需求的影响有（　　）。

A. 税收影响　　B. 转移支付影响

C. 制度和政策影响　　D. 以上全都是

33. 如果总支出（*AE*）曲线的斜率为0.8，那每增加200亿元自发支出会引起均衡支出（　　）。

A. 增加1 000亿元　　B. 增加400亿元

C. 增加200亿元　　D. 减少400亿元

二、判断题

1. 边际储蓄率越高，政府购买支出对GDP的贡献越大。（　　）
2. 永久性减税的影响小于暂时性减税的影响。（　　）
3. 政府增加的税收无论是用于政府购买还是转移支付都会使均衡收入增加。（　　）
4. 根据生命周期的消费理论，退休期生活水平会提高。（　　）
5. 在决定投资的各种因素中，预期利润率既定时，利率就是首要因素。（　　）
6. “征富济贫”可以提高国民平均边际储蓄倾向。（　　）
7. 引起消费变化的个人收入和自发投资对国民收入有相同影响。（　　）
8. 在均衡产出水平上，计划存货投资与非计划存货投资都为0。（　　）
9. 在两部门经济中，消费函数$C=300+0.8Y$，计划投资为500，均衡收入为1 000。（　　）
10. 投资乘数指收入的变化与带来这种变化的投资变化量的比率。（　　）
11. 在两部门经济中，实际储蓄等于实际投资是宏观经济均衡的条件。（　　）
12. 与封闭经济相比，开放经济的投资、政府购买支出增加的乘数都变得更小。（　　）
13. 实际的均衡国民收入一定是市场实现的收入。（　　）
14. 在比例税条件下，平衡预算乘数可能不为1。（　　）
15. 在两部门体系中，$APC+APS=1$，$MPC+MPS=1$。（　　）

三、简答题

1. 什么是平衡预算乘数？在三部门体系中，当税收为固定税额时，平衡预算乘数是多少？

2. 乘数原理发挥作用的前提条件是什么？

3. 按照凯恩斯主义的观点，储蓄是哪个变量的函数？增加储蓄对均衡收入会有怎样的影响？

4. 为什么有了对外贸易之后，封闭经济中的一些乘数会变小？

5. 请用收入-支出法说明同一均衡国民收入水平的决定。

6. 在定量税下，政府税收乘数、转移支付乘数与投资乘数、政府支出乘数有什么不同？

四、计算题

1. 已知边际消费倾向 $\beta = 0.8$，税率 $t = 0.25$，均衡时预算赤字为 150 亿元（$G - T = 150$，G 为政府购买，T 为净税收）。

请计算：（1）增加多少投资能消除赤字？

（2）如何改变政府购买能消除赤字。

（3）如何改变转移支付能消除赤字。

（4）同时等量增加多少政府购买和税收能消除赤字？

2. 某国的宏观经济模型为

$$Y = C + I + G$$

$$C = 0.8Y_d + 8$$

$$I = 80$$

$$G = 100$$

请比较以下两种不同税制情况下的均衡国民收入水平、财政支出乘数以及财政状况：

（1）$T = 2 + 0.25Y$。

（2）$T = 0.6Y$。

3. 若某经济的消费函数为 $c = 200 + 0.6y$，投资为 40。

请计算：（1）均衡状态下的收入、消费、储蓄是多少?

（2）如果 $c = 100 + 0.9y$，消费函数变动后，投资乘数如何变化?

（3）如果 $I = 20 + 0.2y$，投资函数变动后，均衡国民收入如何变化?

4. 设消费 $c = 100 + 0.8y_d$，净税收 $T = 50$，投资 $i = 100$，政府购买 $g = 60$，出口 $x = 80$，进口 $m = 20 + 0.05y$。

请计算：（1）均衡的国民收入水平。

（2）净出口。

（3）政府购买乘数。

5. 如果边际消费倾向为0.8，所得税为收入的1/4，政府决定增加支出来使国民生产总值增加750万元，政府开支应该增加多少？对财政赤字有什么影响？

6. 社会原来的收入水平为1 000亿元，消费为800亿元，收入增加至1 200亿元后，消费增加至900亿元。

请计算：（1）收入水平为1 000亿元时的消费函数、边际消费倾向、边际储蓄倾向。

（2）收入水平为1 200亿元时的平均消费倾向、平均储蓄倾向。

7. 假设经济模型为$C=20+0.75(Y-T)$，$I=380$，$G=400$，$T=0.2Y$，$Y=C+I+G$。

（1）画出作为收入Y的消费函数曲线，标明斜率及截距。

（2）计算均衡时的收入水平。

（3）计算在均衡收入水平下，政府预算盈余是多少？

（4）若G增加到410，计算政府支出乘数，并解释其不等于$\frac{1}{1-MPC}$的原因。

五、论述题

1. 请介绍至少两种消费理论。

2. 请比较古典经济学、新古典经济学和凯恩斯主义关于均衡国民收入决定的基本原理。

3. 为什么将一部分国民收入从富裕者转给贫困者能提高总收入水平？

4. 既然政府支出乘数大于税收乘数和转移支付乘数，为何不能通过一直增加政府支出来增加经济总量？

5. 税收、政府购买和转移支付这三者对总需求的影响方式有什么差别？

第三章

国民收入的决定：*IS*–*LM* 模型

一、单项选择题

1. 如果投资对利率变得很敏感，那么（　　）。

A. *IS* 曲线将变得更陡峭　　B. *IS* 曲线将变得更平坦

C. *LM* 曲线将变得更陡峭　　D. *LM* 曲线将变得更平坦

2. 如果消费与实际利率负相关，则（　　）。

A. *IS* 曲线更平坦　　B. *IS* 曲线更陡峭

C. *LM* 曲线更平坦　　D. *LM* 曲线更陡峭

3. 下列选项中，关于 *LM* 曲线的叙述正确的是（　　）。

A. *LM* 曲线向上倾斜，是产品市场均衡时利率和收入的组合

B. *LM* 曲线向下倾斜，是产品市场均衡时利率和收入的组合

C. *LM* 曲线向上倾斜，是货币市场均衡时利率和收入的组合

D. *LM* 曲线向下倾斜，是货币市场均衡时利率和收入的组合

4. 货币供给的增加，（　　）。

A. 将使 *LM* 曲线向左移动　　B. 将使 *LM* 曲线向右移动

C. 将使 *IS* 曲线向左移动　　D. 将使 *IS* 曲线向右移动

5. 在中国，狭义的货币供给是（　　）。

A. 通货　　B. 活期存款

C. 支票　　D. 通货和活期存款

6. 在 *IS* 和 *LM* 曲线的交点，（　　）。

A. 货币需求等于货币供给

B. 储蓄等于投资

C. 收入和利率同时满足产品市场均衡和货币市场均衡

D. 以上各项都对

7. 如果流动性偏好曲线接近水平状，意味着（　　）。

A. 利率变动很大时，货币需求也不会有很大变动

B. 货币需求不受利率变动影响

C. 利率稍有变动，货币需求就会大幅度变动

D. 以上三种情况都可能存在

8. *IS* 曲线右方各点代表了（　　）。

A. 产品市场供大于求　　B. 产品市场供小于求

C. 产品市场均衡　　D. 投资规模大于储蓄规模

9. 引起 *IS* 曲线向左移动的原因是（　　）。

A. 政府决定修建一条高速公路　　B. 政府决定降低个人所得税

C. 中央银行降低贴现率　　D. 本国汇率升值

10. 假定其他条件不变，如果人们变得更加节俭，那么 *IS* 曲线将（　　）。

A. 向左侧移动　　B. 向右侧移动

C. 保持不变　　D. 无法判断

11. 影响 *LM* 曲线向右移动的因素有（　　）。

A. 名义货币供给量增加　　B. 价格水平降低

C. 货币需求减少　　D. 以上各项都正确

12. 假定名义货币供给量不变，价格总水平上升将导致一条向右上方倾斜的 *LM* 曲线上的一点（　　）。

A. 沿原 *LM* 曲线向上方移动　　B. 沿原 *LM* 曲线向下方移动

C. 向右移动到另一条 *LM* 曲线上　　D. 向左移动到另一条 *LM* 曲线上

13. *LM* 曲线向右下方移动是因为（　　）。

A. 货币的需求减少或货币的供给减少　B. 货币的需求增加或货币的供给减少

C. 货币的需求减少或货币的供给增加　D. 货币的需求增加或货币的供给增加

14. 如果利率和收入都能按供需情况自动得到调整，则利率和收入的组合点出现在 *IS* 曲线的左下方、*LM* 曲线的右下方的区域中时，有可能（　　）。

A. 利率上升，收入下降　　B. 利率上升，收入增加

C. 利率上升，收入不变　　D. 以上三种情况都可能发生

15. 如果货币需求对利息率的变化相对较为敏感，（　　）。

A. *IS* 曲线将相对较为平坦　　B. *IS* 曲线将相对较为陡峭

C. *LM* 曲线将相对较为陡峭　　D. *LM* 曲线将相对较为平坦

16. *IS-LM* 模型研究的是（　　）。

A. 在利息率与投资不变的情况下，总需求对均衡的国民收入的决定

B. 在利息率与投资变动的情况下，总需求对均衡的国民收入的决定

C. 把总需求与总供给结合起来，研究总需求与总供给对国民收入和价格水平的影响

D. 以上各项都不对

17. 下列选项中，会使 *IS* 曲线向左移动的是（　　）。

A. 政府购买的增加　　B. 税收的增加

C. 货币供给的增加　　D. 以上各项都不对

18. 下列关于 *IS* 曲线的说法中，正确的是（　　）。

A. 若人们的储蓄倾向增高，则 *IS* 曲线将右移

B. 若投资需求曲线向外移动，则 *IS* 曲线将左移

C. 预算平衡条件下政府支出增加并不移动 *IS* 曲线

D. 充分就业预算盈余的减少意味着 *IS* 曲线右移

19. *IS* 曲线向右方移动的条件是（　　）。

A. 总支出减少　　B. 总支出增加

C. 价格水平上升　　D. 价格水平下降

20. 利息率提高时，货币的投机需求将（　　）。

A. 增加　　B. 不变

C. 减少　　D. 以上各项都不对

21. 假定货币供给量不变，货币的交易需求和预防需求的增加将导致货币的投机需求（　　）。

A. 增加　　B. 不变

C. 减少　　D. 以上各项都不对

22. 在 *LM* 曲线不变的情况下，政府购买的增加会引起（　　）。

A. 国民收入增加和利率上升　　B. 国民收入增加和利率下降

C. 国民收入减少和利率下降　　D. 国民收入减少和利率下降

23. 在 *IS* 曲线不变的情况下，货币供给量的增加会引起（　　）。

A. 国民收入增加和利率上升　　B. 国民收入减少和利率上升

C. 国民收入增加和利率下降　　D. 国民收入减少和利率下降

24. 下列选项中，会引起货币需求曲线向左移动的情况是（　　）。

A. 利率上升　　B. 利率下降

C. 国民收入增加　　D. 国民收入减少

25. 下列选项中，会引起沿着货币需求曲线向下移动的情况是（　　）。

A. 利率上升　　B. 利率下降

C. 国民收入增加　　D. 国民收入减少

26. 中央银行调高商业银行法定准备金率，这属于（　　）。

A. 放松银根　　B. 增加对商业银行收费

C. 放松贷款额度　　D. 紧缩银根

27. 下列选项中，不正确的有（　　）。

A. 流动性偏好不仅和收入有关，还和市场利率有关

B. 股票预期价格上涨会增加货币的预防需求

C. 一般情况下商品和劳务的相对价格变化不会影响实际货币需求

D. 货币的投机需求是利率的减函数

28. 影响货币总需求的因素是（　　）。

A. 利率和收入　　B. 收入　　C. 利率　　D. 货币供给量

29. 如果 *LM* 方程为 $Y=\frac{h}{k}r+\frac{M}{k}$，则 *LM* 曲线斜率变小的原因是（　　）。

A. k 变小或者 h 变大　　B. k 变小或者 h 变小

C. k 变大或者 h 变大　　D. k 变大或者 h 变小

30. 下列选项中，说法正确的是（　　）。

A. 如果没有投机货币需求，则 *LM* 曲线是水平的

B. 如果没有投机货币需求，则 *LM* 曲线是垂直的

C. 如果 *LM* 曲线斜率为正的话，增加实际货币供给对 *LM* 曲线没有影响

D. 如果 *LM* 曲线垂直的话，增加实际货币供给对 *LM* 曲线没有影响

31. 下列选项中，有关 *IS* 曲线的描述正确的是（　　）。

A. 产品市场达到均衡时，国民收入与利率之间的关系

B. 货币市场达到均衡时，国民收入与利率之间的关系

C. 货币市场达到均衡时，国民收入与价格之间的关系

D. 产品市场达到均衡时，国民收入与价格之间的关系

32. 下列选项中，有关 *LM* 曲线的描述正确的是（　　）。

A. 产品市场达到均衡时，国民收入与利率之间的关系

B. 货币市场达到均衡时，国民收入与利率之间的关系

C. 货币市场达到均衡时，国民收入与价格之间的关系

D. 产品市场达到均衡时，国民收入与价格之间的关系

33. 位于 *IS* 曲线上方的收入和利率的组合是（　　）。

A. 投资小于储蓄的非均衡组合

B. 投资大于储蓄的非均衡组合

C. 货币供给大于货币需求的非均衡组合

D. 货币供给小于货币需求的非均衡组合

34. 位于 *LM* 曲线上方的收入和利率的组合是（　　）。

A. 货币供给小于货币需求的非均衡组合

B. 货币供给大于货币需求的非均衡组合

C. 投资小于储蓄的非均衡组合

D. 投资大于储蓄的非均衡组合

35. 中央银行宣布 2020 年年初将降 100 个基点，那么货币乘数将会（　　）。

A. 不变　　B. 变小　　C. 变大　　D. 无关

36. 如果宏观财政政策扩张，那么（　　）。

A. *LM* 曲线左移　　B. *LM* 曲线右移

C. *IS* 曲线左移　　D. *IS* 曲线右移

37. 如果中央银行实行货币紧缩政策，如提高法定存款准备金率，那么将会导致（　　）。

A. *LM* 曲线右移　　B. *LM* 曲线左移

C. *IS* 曲线右移　　D. *IS* 曲线左移

38. 在 *LM* 曲线的中间范围考察，如果财政政策与货币政策都是扩张的，那么可以肯定的结果是（　　）。

A. 利率上升　　B. 收入增加

C. 利率不变　　D. 收入不变

39. 在 *IS*-*LM* 模型中，如果经济在衰退区间运行，那么最有效的政策是（　　）。

A. 货币扩张　　B. 货币紧缩

C. 财政扩张　　D. 财政紧缩

40. 当利率很高时，购买债券的风险（　　）。

A. 很小　　B. 很大

C. 不变　　D. 具有随机性

41. 如果居民发现实际货币持有量小于合意的水平，他们就（　　）。

A. 出售金融资产，这将引起利息率上升

B. 出售金融资产，这将引起利息率下降

C. 购买金融资产，这将引起利息率上升

D. 购买金融资产，这将引起利息率下降

42. 下列选项中，属于紧缩性财政政策的是（　　）。

A. 政府购买支出下降　　B. 减税

C. 降准　　D. 增加转移支付

43. 假设现金漏出率为 0.2，存款准备金率为 20%。中央银行买进国债 100 亿元，那么货币供给增加（　　）。

A. 100 亿元　　B. 200 亿元　　C. 300 亿元　　D. 400 亿元

44. 在 *LM* 曲线中的凯恩斯区域，（　　）。

A. 财政政策有效

B. 货币政策有效

C. 财政政策和货币政策同样有效

D. 财政政策和货币政策同样无效

45. 在 *IS* 曲线不变的前提下，中央银行降低法定存款准备金率会引起（　　）。

A. 国民收入增加，利率下降　　B. 国民收入增加，利率上升

C. 国民收入减少，利率上升　　D. 国民收入减少，利率下降

46. 资本边际效率（　　）。

A. 递增　　B. 递减

C. 保持不变　　D. 先递增后递减

47. 按照凯恩斯的观点，人们需要货币是因为（　　）。

A. 交易动机　　B. 谨慎动机

C. 投机动机　　D. 以上各项都对

48. 按照凯恩斯的货币需求理论，如果 r 上升，货币需求将（　　）。

A. 不变　　B. 下降

C. 上升　　D. 以上各项都不对

49. 当利率降到很低时，人们购买债券的风险将会（　　）。

A. 很小　　B. 很大

C. 不变　　D. 难以确定

50. 自发性消费增加时，*IS* 曲线和 *LM* 曲线的移动是（　　）。

A. *IS* 曲线向左移动且 *LM* 曲线不移动

B. *IS* 曲线向右移动且 *LM* 曲线不移动

C. *IS* 曲线向左移动且 *LM* 曲线向右移动

D. *IS* 曲线向右移动且 *LM* 曲线向右移动

51. 下列选项中，导致 *LM* 曲线向右移动的是（　　）。

A. 税收减少　　B. 政府购买增加

C. 货币需求增加　　D. 货币供给增加

52. 假定货币供给量和价格水平保持不变，根据凯恩斯的理论，收入增加时，（　　）。

A. 货币需求增加，利率上升　　B. 货币需求增加，利率下降

C. 货币需求减少，利率上升　　D. 货币需求减少，利率下降

53. *IS* 曲线的斜率由（　　）决定。

A. 边际消费倾向　　B. 投资对利率的敏感程度

C. A、B 都是　　D. A、B 都不是

54. 在 *k* 保持不变的条件下，当货币需求对利率的敏感度降低时，*LM* 曲线将（　　）。

A. 向左上方移动　　B. 向右下方移动

C. 变平缓　　D. 变陡峭

55. 在古典区域，（　　）。

A. 财政政策有效

B. 货币政策有效

C. 财政政策和货币政策都有效

D. 财政政策和货币政策都无效

56. 在极端古典主义情形下，（　　）。

A. 财政政策完全有效　　B. 财政政策相对有效

C. 财政政策完全无效　　D. 财政政策相对无效

57. 下列选项中，导致 *IS* 曲线向左移动的是（　　）。

A. 中央银行货币供给增加　　B. 政府购买增加

C. 税收增加　　D. 自发性投资增加

58. 在 *LM* 曲线上存在货币供给和货币需求均衡的收入和利率的组合点有（　　）。

A. 一个　　B. 一个或无数个

C. 无数个　　D. 一个或无数个都不可能

59. *LM* 曲线是收入和利率的各种组合，它的条件是（　　）。

A. 收入-支出均衡　　B. 储蓄-投资均衡

C. 货币供给-货币需求均衡　　D. 总供给-总需求均衡

60. 在凯恩斯的理论体系中，货币需求和货币供给函数决定（　　）。

A. 名义利率　　B. 实际利率

C. 价格水平　　D. 消费水平

61. 若资本边际效率低于市场利率，则企业投资（　　）。

A. 过多　　B. 过少

C. 正好　　D. 以上各项都不对

62. 根据托宾 q，当企业的股票市场价值大于新建企业的成本，则（　　）。

A. 新建企业更合算　　B. 购买旧企业更合算

C. 两者都一样　　D. 无法确定

63.（　　），*LM* 曲线向左移动。

A. 名义利率下降　　B. 总产量增加

C. 货币供给增加　　D. 货币需求增加

64. *IS* 曲线的右上方、*LM* 曲线的右下方的组合表示（　　）。

A. 产品供大于求、货币供大于求

B. 产品供大于求、货币求大于供

C. 产品求大于供、货币供大于求

D. 产品求大于供、货币求大于供

65. 假定 *IS* 曲线和 *LM* 曲线的交点表示的均衡国民收入低于充分就业的国民收入。根据 *IS*–*LM* 模型，如果不让利息率上升，政府应该（　　）。

A. 增加投资

B. 在增加投资的同时增加货币供给量

C. 减少货币供给量

D. 在减少投资的同时减少货币供给量

66. 自发投资支出增加 10 亿元，会使 *IS* 曲线（　　）。

A. 右移 10 亿元

B. 左移 10 亿元

C. 右移支出乘数乘以 10 亿元

D. 左移支出乘数乘以 10 亿元

67. 假定货币需求为 $L=ky-hr$，货币供给增加 10 亿元而其他条件不变，则会使 *LM* 曲线（　　）。

A. 右移 10 亿元　　B. 右移 k 乘以 10 亿元

C. 右移 10 亿元除以 k　　D. 右移 k 除以 10 亿元

68. 对利率变动反应最敏感的是（　　）。

A. 货币交易需求　　B. 货币投机需求

C. 货币谨慎需求　　D. 三种需求相同

69. 引起 *IS* 曲线向左移动的原因是（　　）。

A. 政府购买增加　　B. 税收减少

C. 中央银行降低贴现率　　D. 本国汇率升值

70. *IS* 曲线左方的各点代表了（　　）。

A. 货币供给大于货币需求　　B. 货币供给小于货币需求

C. 储蓄小于投资　　D. 储蓄大于投资

71. 根据凯恩斯的观点，货币供给量减少后（　　）。

A. 对总需求没有影响

B. 因为对货币的需求减少而引起总需求下降

C. 引起消费支出减少，从而使总需求下降

D. 因利率上升和投资减少而降低总需求

72. *IS* 曲线左方的各点代表着产品市场的（　　）。

A. 过剩　　B. 短缺　　C. 均衡　　D. 以上各项都不对

73. 某国实际货币需求减少，可能是由于（　　）。

A. 通货膨胀率上升　　B. 利率上升

C. 税收减少　　D. 总产出增加

74. 若 *LM* 方程为 $Y=50+10r$，当货币需求与供给均衡时，利率和收入为（　　）。

A. $r=2$，$Y=70$　　B. $r=5$，$Y=70$

C. $r=10$，$Y=100$　　D. $r=20$，$Y=900$

75. 给定净税收增加 10 单位，会使 *IS* 曲线（　　）。

A. 右移 10 单位　　B. 左移 10 单位

C. 右移 10 单位乘以支出乘数　　D. 左移 10 单位乘以支出乘数

76. 处于流动性偏好陷阱时，（　　）。

A. 货币需求无限小，货币政策有效

B. 货币需求无限小，货币政策无效

C. 货币需求无限大，货币政策有效

D. 货币需求无限大，货币政策无效

77. 利率水平上升会导致（　　）。

A. 资本需求上升　　B. 资本需求下降

C. 最优资本存量上升　　D. 现值上升

78. 凯恩斯主义极端及政策效应是（　　）。

A. *IS* 曲线垂直 *LM* 曲线水平，货币政策有效而财政政策无效

B. *IS* 曲线垂直 *LM* 曲线水平，财政政策有效而货币政策无效

C. *IS* 曲线水平 *LM* 曲线垂直，财政政策有效而货币政策无效

D. *IS* 曲线水平 *LM* 曲线垂直，财政政策效果大于货币政策效果

79. 当人们的工资增加，则增加的将是（　　）。

A. 货币的交易需求　　B. 货币的预防需求

C. 货币的投机需求　　D. 上述三个方面需求中的任何一种

80. 流动性陷阱暗示（　　）。

A. 货币供给是无限的

B. 货币政策在此范围无效

C. 任何用于交易目的的货币需求的增长将使利率降低

D. 货币投机需求是有限的

81. 假如货币需求曲线接近于水平，这意味着（　　）。

A. 货币需求对利率的反应很敏感

B. 货币需求对利率的反应不敏感

C. 货币需求不受利率影响

D. 陷入古典区域

82. 当均衡收入低于充分就业的均衡时，宽松的货币政策和财政政策使（　　）。

A. 收入增加，利率上升　　B. 收入增加，利率不确定

C. 收入增加，利率下降　　D. 收入增加，利率不变

83. 在古典区域，下列情况中，会引起收入增加的是（　　）。

A. *LM* 曲线不变，政府购买增加　　B. *LM* 曲线不变，政府购买减少

C. *IS* 曲线不变，货币供应量增加　　D. *IS* 曲线不变，货币供应量减少

84. 在 *IS* 曲线上任意一点表示投资与储蓄相等，在 *IS* 曲线的左下方区域表示（　　）。

A. 投资大于储蓄，企业将减少产量

B. 投资大于储蓄，企业将增加产量

C. 投资小于储蓄，企业将减少产量

D. 投资小于储蓄，企业将增加产量

85. 政府支出增加使 *IS* 曲线右移，若要均衡收入变动接近于 *IS* 曲线的移动量，则必须（　　）。

A. *LM* 曲线陡峭而 *IS* 曲线平缓　　B. *LM* 曲线和 *IS* 曲线一样平缓

C. *LM* 曲线垂直而 *IS* 曲线陡峭　　D. *LM* 曲线平缓而 *IS* 曲线陡峭

86.（　　）情况下，挤出效应可能更大。

A. 货币需求对利率不敏感，私人部门支出对利率敏感

B. 货币需求对利率不敏感，私人部门支出对利率也不敏感

C. 货币需求对利率敏感，私人部门支出对利率也敏感

D. 货币需求对利率敏感，私人部门支出对利率不敏感

87. “挤出效应”发生于（　　）。

A. 政府支出增加，提高了利率，挤出了对利率敏感的私人部门支出

B. 货币供给减少使利率提高，挤出了对利率敏感的私人部门支出

C. 私人部门增税，减少了私人部门的可支配收入和支出

D. 政府支出减少，引起消费支出下降

88. 投资需求增加会引起 *IS* 曲线（　　）。

A. 向右移动投资需求曲线的移动量

B. 向左移动投资需求曲线的移动量

C. 向右移动投资需求曲线的移动量乘以乘数

D. 向左移动投资需求曲线的移动量乘以乘数

89. 下列选项中，增加货币供给不会影响均衡收入的情况是（　　）。

A. *LM* 曲线陡峭而 *IS* 曲线平缓　　B. *LM* 曲线平缓而 *IS* 曲线垂直

C. *LM* 曲线垂直而 *IS* 曲线陡峭　　D. *LM* 曲线和 *IS* 曲线一样平缓

90. *LM* 曲线表示（　　）。

A. 产品市场均衡时，收入与利率之间同方向的变动关系

B. 产品市场均衡时，收入与利率之间反方向的变动关系

C. 货币市场均衡时，收入与利率之间同方向的变动关系

D. 货币市场均衡时，收入与利率之间反方向的变动关系

91. 在凯恩斯区域，*LM* 曲线（　　）。

A. 水平　　B. 垂直　　C. 向右上方倾斜　　D. 不一定

92. 已知货币交易需求为 $L_1=0.3Y$，货币投机需求为 $L_2=1\ 000-200r$。不考虑价格因素，当收入为 2 000、货币供给为 600 时的均衡利率为（　　）。

A. 3%　　B. 4%　　C. 5%　　D. 6%

93. 假设价格水平固定，货币供给增加，（　　），扩张货币会使产出增加。

A. 如果人们持有增加的货币数量

B. 如果不存在超额生产能力

C. 仅当货币供给的增加伴随财政政策的改变时

D. 如果失业非常严重

94. 人们在（　　）情况下倾向于减少手持货币。

A. 债券价格趋于上升　　B. 债券价格趋于不变

C. 债券价格趋于下降　　D. 债券价格不变

95. 货币供给增加会使 *LM* 曲线右移，若要使均衡收入变动接近 *LM* 曲线的移动量，则需要（　　）。

A. *IS* 曲线陡峭，*LM* 曲线平缓　　B. *IS* 曲线与 *LM* 曲线一样平缓

C. *IS* 曲线平缓，*LM* 曲线陡峭　　D. *IS* 曲线与 *LM* 曲线一样陡峭

96. 引起 *LM* 曲线变得平缓的原因可能是（　　）。

A. 货币需求对收入变动的反应程度和货币需求对利率变动的反应程度同比例增强

B. 货币需求对收入变动的反应程度和货币需求对利率变动的反应程度同比例减弱

C. 货币需求对收入变动的反应程度增强，货币需求对利率变动的反应程度减弱

D. 货币需求对收入变动的反应程度减弱，货币需求对利率变动的反应程度增强

97. *IS* 曲线与 *LM* 曲线相交时表示（　　）。

A. 产品市场处于均衡状态，而货币市场处于非均衡状态

B. 产品市场处于非均衡状态，而货币市场处于均衡状态

C. 产品市场与货币市场都处于均衡状态

D. 产品市场与货币市场都处于非均衡状态

98. 如果利率和收入都能按供求状况自动调整，那么当利率和收入的组合点出现在 *IS* 曲线右上方、*LM* 曲线左上方时，下列（　　）情况将会发生。

A. 利率上升，收入减少　　B. 利率上升，收入增加

C. 利率下降，收入增加　　D. 利率下降，收入减少

99. 在 *IS* 曲线和 *LM* 曲线的交点，（　　）。

A. 经济一定处于充分就业的状态

B. 经济一定不处于充分就业的状态

C. 经济有可能处于充分就业的状态

D. 经济资源一定得到了充分利用

100. 财政政策和货币政策的有效性在很大程度上取决于（　　）。

A. 决策人的意愿　　B. *IS* 曲线和 *LM* 曲线的交点

C. *IS* 曲线和 *LM* 曲线的斜率　　D. 货币供应量

101. 如果政府提高定额税收并增加货币供给量，那么（　　）。

A. 收入上升，利率也上升　　B. 收入下降，利率上升

C. 收入不确定，利率下降　　D. 收入和利率的变动都不确定

102. 在 *IS-LM* 模型中，*IS* 曲线和 *LM* 曲线的位置（　　）。

A. 由政府货币当局决定

B. 由政府财政当局决定

C. 只需政府货币当局和政府财政当局共同决定

D. 在价格水平确定后才能确定

103. 令边际税率为0.2，假定政府购买增加100亿元，*IS* 曲线向右移动200亿元，那么边际消费倾向为（　　）。

A. 0.275　　B. 0.5　　C. 0.625　　D. 0.9

104. 投资决定的条件是（　　）。

A. $MEC>r$　　B. $MEC<r$　　C. $MEC=r$　　D. 不确定

105. *IS* 曲线为 $Y=20-50r$，下列选项中，利率和收入水平的组合在 *IS* 曲线上的是（　　）。

A. $r=0.2$，$Y=10$　　B. $r=0.05$，$Y=400$

C. $r=0.07$，$Y=36$　　D. $r=0.10$，$Y=300$

106. 下列选项中，属于货币的是（　　）。

A. 支票存款　　B. 银行支票　　C. 信用卡　　D. 大额定期存款

107. 如果人们工资减少，则改变的是（　　）。

A. 货币的交易需求　　B. 货币的预防需求

C. 货币的投机需求　　D. 上述三种需求中任何一种

108. 随着（　　），货币的交易性需求上升。

A. 实际利率上升　　B. 名义收入增加

C. 名义利率上升　　D. 货币流通速度上升

109. 下列选项中，会增加货币的预防需求的是（　　）。

A. 估计股票价格会上涨　　B. 害怕政府垮台

C. 职工减少工资　　D. 物价普遍上涨

110. 图1-3-1描绘了货币需求和货币供给曲线，当货币供给从 M_1 增加到 M_2 时，均衡利率（　　）。

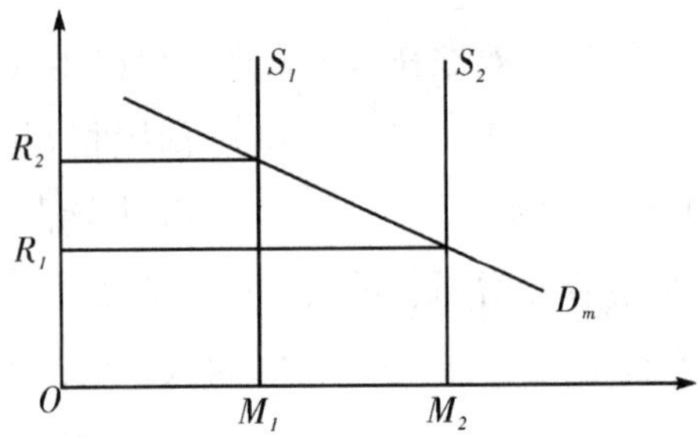

图1-3-1　货币需求和货币供给曲线

A. 由 r_1 上升到 r_2，这将引起投资的上升

B. 由 r_2 下降到 r_1，这将引起投资的下降

C. 由 r_1 上升到 r_2，这将引起投资的下降

D. 由 r_2 下降到 r_1，这将引起投资的上升

111. 引起 *LM* 曲线向左方移动的原因是（　　）。

A. 物价水平不变，中央银行在公开市场上购买政府债券

B. 物价水平不变，中央银行提高要求的准备金率

C. 实际国民生产总值减少

D. 中央银行的货币供应没有任何变动，但物价水平下降了

112. 如果货币市场均衡方程为 $r=\frac{k}{h}Y+\frac{M}{hP}$，则引起 *LM* 曲线变得陡峭是由于（　　）。

A. k 变小，h 变大　　B. k 和 h 同比例变大

C. k 变大，h 变小　　D. k 和 h 同比例变小

113. 当经济均衡不在 *IS* 曲线与 *LM* 曲线的交点时，就会发生自发的调节过程。假设现在经济均衡时的一点在 *LM* 曲线上，但在 *IS* 曲线的左方，那么调节过程就将是（　　）。

A. 实际国民生产总值增加，利率上升

B. 实际国民生产总值增加，利率下降

C. 实际国民生产总值减少，利率上升

D. 实际国民生产总值减少，利率下降

114. 假定 *IS* 曲线和 *LM* 曲线的交点表示的均衡国民收入低于充分就业所要达到充分就业水平而不让利率上升，政府应该（　　）。

A. 增加政府支出

B. 在增加政府支出的同时增加货币供给量

C. 减少货币供给量

D. 在减税的同时减少货币供给量

115. 下列选项中，不构成 *IS*-*LM* 模型的基础的是（　　）假设。

A. 货币供给与利率负相关　　B. 所有债券有同样的利率

C. 货币需求与产量正相关　　D. 有两种金融资产：货币和债券

116. 假定 *IS* 曲线和 *LM* 曲线的交点所表示的均衡国民收入低于充分就业的国民收入。根据 *IS*-*LM* 模型，如果不让利率上升，政府应该（　　）。

A. 增加投资　　B. 在增加投资的同时增加货币供给

C. 减少货币供给量　　D. 减少投资的同时减少货币供给量

117. 长期来看，根据 *IS*-*LM* 模型，经济能自动从萧条中恢复到充分就业状态，因为（　　）。

A. 物价水平会逐渐下降，进而导致 *IS* 曲线右移

B. 物价水平会逐渐上升，进而导致 *IS* 曲线右移

C. 物价水平会逐渐下降，进而导致 *LM* 曲线右移

D. 物价水平会逐渐上升，进而导致 *LM* 曲线右移

118. 根据 *IS-LM* 模型，如果一个国家政府提高支出，那么将导致（　　）。

A. 投资上升，产出上升　　B. 投资上升，产出下降

C. 投资下降，产出上升　　D. 投资下降，产出下降

119. 在 *IS-LM* 模型中，政府增加公务员工资将导致（　　）。

A. 消费上升，投资上升　　B. 消费上升，投资下降

C. 消费下降，投资上升　　D. 消费下降，投资下降

二、判断题

1. 凯恩斯否定利息是储蓄的报酬这一经典观点，主张利息是流动性的报酬。（　　）

2. 在其他条件不变时，如果利率由 4%上升到 5%，则 *IS* 曲线向右移动。（　　）

3. 投资需求的增加使投资需求曲线左移，使 IS 曲线右移。（　　）

4. 在其他条件不变的情况下，如果政府减免投资税，那么 *IS* 曲线将会向左移动。（　　）

5. *IS* 曲线反映当产品市场均衡时，需求与价格水平呈反方向变化关系。（　　）

6. *IS* 曲线左下方的点表示投资大于储蓄，均衡的国民收入会减少。（　　）

7. 在 *IS-LM* 模型中，同时位于 *IS* 曲线和 *LM* 曲线上方的区域有 $S>I$，$M>L$。（　　）

8. 提出 *IS-LM* 模型的英国经济学家希克斯把货币需求称为流动性偏好。（　　）

9. 货币交易需求反映了货币的交换媒介职能。（　　）

10. 古典经济学关于利率决定的观点表明，利率取决于货币供给与货币需求。（　　）

11. 从 *IS* 曲线观察，如果家庭储蓄意愿上升，*IS* 曲线将会右移。（　　）

12. 由于 *IS* 曲线反映了产品市场均衡，所以推导 *IS* 曲线不必联系货币市场。（　　）

13. 在货币需求的水平区间，增加货币供给无助于激励企业增加投资。（　　）

14. 如果增加政府投资支出导致总支出增加，物价水平将会上升。在货币供给不变的情况下，私人投资支出会随着政府支出的增加而增加。（　　）

15. 其他条件不变，利率越低，为满足交易需要的货币需求量越小。（　　）

16. 投机需求的增加使投机需求曲线右移，在其他条件不变时，使 *LM* 曲线左移。（　　）

17. 如果货币供给量超过货币需求量，利率会下降。（　　）

18. 在其他条件不变的情况下，利率水平越高，人们希望持有的实际货币量就越少。（　　）

19. 从利率变动的实际效应来看，由于各种原因，目前我国居民货币需求对利率变动的敏感度一般比美国居民要高。（　　）

20. 如果投机性货币需求曲线接近水平形状，这意味着货币需求不受利率的影响。（　　）

21. 当人们预期利率下降，他们将出售债券。（　　）

22. 货币的流动性比债券的流动性更高，总体上货币的生息能力比债券的生息能力更差。（　　）

23. *LM* 曲线右下方的点表示货币需求小于货币供给，均衡的利率会上升。（　　）

24. *IS* 曲线与 *LM* 曲线的交点表示产品市场、货币市场和要素市场同时均衡。（　　）

25. *IS* 曲线与 *LM* 曲线的交点表示该社会经济一定达到了充分就业。（　　）

26. 在 *IS-LM* 模型中，如果经济处于中间区域，税收增加将减少税收收入，提高利率。（　　）

27. 在货币需求完全取决于收入的古典情形下，财政政策的乘数为0。（　　）

28. 财政政策与货币政策都有挤出效应。（　　）

29. 如果想考察短期内的价格变动效应，那么可以利用 *IS-LM* 模型。（　　）

30. 在 *LM* 曲线的中间范围，政府支出的增加有不完全挤出效应。（　　）

31. *IS-LM* 模型解释了在某一利率水平下，产品市场与货币市场同时均衡，经济将会有一个确定的总需求水平。（　　）

三、简答题

1. 什么是 *IS* 曲线？

2. 什么是 *LM* 曲线？

3. 什么是资本边际效率？为什么它是递减的？

4. 考虑一个四部门的经济，引起 *IS* 曲线向右移动的因素有哪些？

5. 引起 *LM* 曲线向右移动的因素有哪些？

6. 如果经济中的收入和利率的组合不在 *IS* 曲线和 *LM* 曲线的交点上，市场能否使产品市场和货币市场的这种非均衡走向均衡？

7. 政府支出的增加额如果完全来自税收的增加，这对国民收入会有什么影响？

8. 在 *IS* 和 *LM* 两条曲线相交时形成的均衡收入是否就是充分就业的国民收入？为什么？

9. 按照凯恩斯的观点，应该如何理解“节俭的悖论”？

10. 试述流动性陷阱产生的原因。

11. 简要分析货币需求的动机。

12. 简要介绍 *LM* 曲线的三个区域。

13. 假定政府要削减税收，试用 *IS-LM* 模型表示以下两种情况下减税的影响，说明两种情况下减税的经济后果有什么区别?

（1）用适用性货币政策保持利率不变。

（2）货币存量不变。

14. 什么是财政政策的挤出效应?

15. 简要介绍 *IS*-*LM* 模型。

四、计算题

1. 只考虑产品市场，解答以下问题：

（1）若投资函数为 $I=60-5r$（r 的单位为%），找出利率为 3%、4%、5%时的投资量。

（2）若消费函数为 $C=0.75Y+100$，求 *IS* 曲线。

2. 在一个两部门经济中，假定：

（1）$C=5+0.8Y$，$I=10-5r$；

（2）$C=50+0.8Y$，$I=10-10r$；

（3）$C=5+0.75Y$，$I=10-10r$。

求（1）、（2）和（3）的 *IS* 曲线；比较（1）和（2）说明投资对利率更为敏感时，*IS* 曲线的斜率将发生什么变化；比较（2）和（3）说明边际消费倾向变动时，*IS* 曲线的斜率将发生什么变化。

3. 在货币市场中，我们假定货币需求函数为 $L=0.2Y-5r$（r 的单位为%）。

（1）请计算当利率为 4%、6%和 8%，收入为 400 亿元、500 亿元和 600 亿元时的货币需求量。

（2）若名义货币供给量为 100 亿元，价格水平 $P=1$，写出 *LM* 曲线方程。

4. 若货币交易需求为 $L_1=0.2Y$，货币投机性需求为 $L_2=1\ 000-200r$（r 的单位为%）。

（1）写出货币总需求函数。

（2）当利率 $r=4$，收入 $Y=2\ 000$ 亿元时，货币需求量为多少？

（3）若货币供给 $M=200$ 亿元，收入 $Y=600$ 亿元时，可满足投机性需求的货币是多少？

（4）当收入 $Y=1\ 000$ 亿元，货币供给 $M=250$ 亿元时，货币市场均衡时的利率是多少？

5. 假定现金-存款比率 $W=0.5$，存款准备金率（包括超额准备金率）$r=0.2$，货币乘数为多少？若增加基础货币 100 亿元，货币供给增加多少？

6. 假定货币需求函数为 $L=0.2Y-10r$ 和价格水平不变（$P=1$）。

（1）若名义货币供给量为 100，找出货币需求与供给均衡时的 LM 曲线。

（2）若名义货币供给量为 200，找出货币需求与供给均衡时的 LM 曲线，并与（1）中 LM 曲线比较有什么不同。

（3）对于（2）中这条 LM 曲线，若 $r=5$，$Y=500$，货币需求与供给是否均衡，若非均衡，利率该如何变化。

7. 假设在一个两部门经济中，消费 $C=60+0.8Y$，投资 $I=100-6r$，货币供给 $M=100$，货币需求 $L=0.2Y-4r$（金额单位为亿元，利率单位为%）。

（1）求 IS 和 LM 曲线。

（2）求产品市场和货币市场同时均衡时的利率和收入。

8. 若将第7题中的两部门经济改为三部门经济，其中税收 $T=0.3Y$，政府支出 $G=50$，货币需求 $L=0.2Y-2r$，实际货币供给为30亿元，求 *IS* 曲线和 *LM* 曲线方程以及均衡时的利率和收入。

9. 假定在一个三部门经济中有 $C=0.8(1-t)Y$，$t=0.25$，$I=900-50r$，$G=800$，货币需求为 $L=0.25Y-62.5r$，实际货币供给为 $\frac{M}{P}=500$。

（1）试求 *IS* 曲线方程。

（2）试求 *LM* 曲线方程。

（3）试求两个市场同时均衡时的利率和收入。

10. 如果在一国的经济中 $C=250+0.75Y$，$I=500$，$G=500$（单位为亿元），解答以下问题：

（1）均衡国民收入、消费、储蓄各是多少？投资乘数是多少？

（2）如果投资 I 是利率 r 的函数 $I=1\,250-50r$（r 的单位为%），货币供给水平的函数为 $\frac{M}{P}=\frac{1\,000}{P}$，货币需求是收入 Y 和利率 r 的函数 $L=0.25Y-100r$。

①价格水平 $P=1$ 时的 IS 曲线、LM 曲线以及均衡利率和收入是多少？

②在价格水平是变动的情况下，导出总需求曲线，并说明其含义。

11. 假定实际货币供给量用 M 表示，实际货币需求用 $L=kY-hr$ 表示。

（1）求 LM 曲线的代数表达式，找出 LM 曲线的斜率的表达式。

（2）当 k 变小时，LM 曲线的斜率如何变化；当 h 增大时，LM 曲线的斜率如何变化？

（3）若 $k=0.2$，$h=0$，LM 曲线如何变化？

12. 假定货币市场中，货币需求 $L=0.2Y-5r$，货币供给 $M=100$；产品市场中，$C=40+0.8Y_d$，$T=50$，$I=140-10r$，$G=50$。

（1）求 IS 曲线方程和 LM 曲线方程。

（2）求产品市场和货币市场同时均衡时，收入 Y、利率 r、消费 C 和投资 I 各为多少？

（3）求当政府支出从 50 增加到 80 时的收入、利率、消费和投资水平各为多少？

（4）为什么均衡时收入的增加量小于 IS 曲线的右移量？

13. 三部门的经济消费函数 $C=80+0.8Y_d$，投资函数 $I=20-5r$，货币需求函数 $L=0.4Y-10r$，政府购买支出 $G=20$，税收 $T=0.25Y$，名义货币供应量 $M=90$，充分就业的国民收入为 285。其中，r 是利率，Y_d 是可支配国民收入，Y 是国民收入。

（1）若价格水平 $P=2$，则 IS-LM 决定的均衡国民收入与利率各为多少？

（2）若总供给曲线为 $Y=235+40P$，则总需求曲线与总供给曲线决定的均衡国民收入和价格各为多少？

（3）若通过变动政府购买而实现充分就业，则政府购买的变动量与价格水平各为多少？

14. 假定经济是由四部门构成，消费函数为 $C=60+0.8Y_d$，投资函数为 $I=20-10r$，净出口函数为 $NX=10-0.4Y-50r$，货币需求为 $L=0.5Y-25r$，政府支出为 $G=200$，税收为 $T=100$，名义货币供给为 $M=100$，价格水平为 $P=1$（r 的单位为%）。

（1）求 *IS* 曲线。

（2）求 *LM* 曲线。

（3）求产品市场和货币市场同时均衡时的利率和收入。

15. 假定货币需求为 $L=0.2Y-10r$，实际货币供给为 $M=200$，消费 $C=60+0.8Y_d$，税收 $T=100$，投资 $I=150$，财政支出 $G=100$。

（1）导出 *IS* 曲线和 *LM* 曲线方程，求均衡收入和均衡利率。

（2）若其他情况不变，政府支出 G 从 100 增加到 120 时，收入、利率和投资会有什么变化?

（3）是否存在挤出效应? 为什么?

16. 假定货币需求为 $L=0.2Y$，实际货币供给为 $M_s/P=200$，消费 $C=90+0.8Y_d$，税收 $T=50$，投资 $I=140-5r$，财政支出 $G=50$。

（1）导出 IS 曲线和 LM 曲线方程，求均衡收入、利率和投资。

（2）若其他情况不变，政府支出 G 增加 20，收入、利率和投资有什么变化？

（3）是否存在挤出效应？

17. 假设一经济体系的消费函数 $C=600+0.8Y$，投资函数 $I=400-50r$，政府购买 $G=200$，实际货币需求函数 $L=250+0.5Y-125r$，货币供给 $M_s=1\ 250$（单位为亿元），价格水平 $P=1$。

（1）求 IS 曲线和 LM 曲线方程。

（2）求产品市场和货币市场同时均衡时的利率和收入。

（3）求财政政策乘数和货币政策乘数。

（4）若充分就业收入为 $Y^*=5\ 000$ 亿元，若用增加政府购买实现充分就业，需要增加多少？

（5）若用增加货币供给实现充分就业，需要增加多少货币供给量？

18. 假定经济满足 $Y=C+I+G$，且消费 $C=800+0.63Y$，投资 $I=7\ 500-20\ 000r$，货币需求 $L=0.162\ 5Y-10\ 000r$，名义货币供给量为 6 000 亿元，价格水平为 1。当政府支出从 7 500 亿元增加到 8 500 亿元时，政府支出的增加挤占了多少私人投资？

第四章

国民收入的决定：*AD*–*AS* 模型

一、单项选择题

1. *AD* 曲线上任意一点均代表了（　　）。

A. 产品市场和劳动力市场达到均衡　B. 劳动力市场和货币市场达到均衡

C. 产品市场和货币市场达到均衡　D. 三个市场同时实现均衡

2. 下列选项中，不正确的是（　　）。

A. 价格水平的上升幅度大于名义货币供给的增长，实际货币供给减少

B. 当名义货币供给的增长大于价格水平的上升时，实际货币供给增加

C. 在其他条件不变的情况下，价格水平上升，实际货币供给减少

D. 在其他条件不变的情况下，价格水平下降，实际货币供给减少

3. 价格水平上升时，会（　　）。

A. 减少实际货币供给并使 *LM* 曲线右移

B. 减少实际货币供给并使 *LM* 曲线左移

C. 增加实际货币供给并使 *LM* 曲线右移

D. 增加实际货币供给并使 *LM* 曲线左移

4. 总需求曲线向右下方倾斜是因为（　　）。

A. 价格水平上升时，投资会减少　B. 价格水平上升时，消费会减少

C. 价格水平上升时，净出口会减少　D. 以上各项都是

5. 当（　　）时，总需求曲线更平缓。

A. 投资支出对利率变化较为敏感　B. 政府购买支出乘数较小

C. 货币需求对利率变化较为敏感　D. 货币供给量比较大

6. 在（　　）的情况下，总的产品需求会减少。

A. 实际财富下降　　B. 利率上升

C. 本币升值　　D. 以上皆对

7. 下列选项中，（　　）使得总需求曲线向右移动。

A. 货币供应的减少　　B. 增加资本品获利能力的技术进步

C. 废除一项投资税减免　　D. 价格水平下降

8. 总需求曲线（　　）。

A. 在其他条件不变时，政府购买支出减少会右移

B. 在其他条件不变时，价格水平上升会左移

C. 在其他条件不变时，税收减少会左移

D. 在其他条件不变时，名义货币供给增加会右移

9. 若价格水平下降，则总需求（　　）。

A. 增加　　B. 减少

C. 不变　　D. 无法确定

10. 当价格水平下降时，总需求曲线（　　）。

A. 向左移动　　B. 向右移动

C. 不变　　D. 无法确定

11. 扩张性财政政策对总需求的影响是（　　）。

A. 同一总需求水平上的价格提高

B. 同一价格水平上的总需求增加

C. 价格水平下降，总需求增加

D. 价格水平提高，总需求减少

12. 扩张性货币政策效应是（　　）。

A. 价格水平提高，总需求减少　　B. 总需求不变

C. 同一价格水平上的总需求增加　　D. 价格水平下降，总需求增加

13. 紧缩性财政政策和扩张性货币政策搭配会使总需求曲线（　　）。

A. 向左移动　　B. 向右移动

C. 不变　　D. 无法确定

14. 扩张性财政政策和紧缩性货币政策搭配会使总需求曲线（　　）。

A. 向左移动　　B. 向右移动

C. 不变　　D. 无法确定

15. 水平区域的劳动供给曲线表示（　　）。

A. 工资不影响劳动供给　　B. 工资对劳动供给影响很大

C. 劳动供给不影响工资　　D. 劳动供给对工资影响很大

16. 总供给曲线向上移动的原因是（　　）。

A. 工资提高　　B. 价格提高

C. 技术进步　　D. 需求增加

17. 工资刚性意味着（　　）。

A. 货币工资长期不变　　B. 货币工资只升难降

C. 货币工资升幅大于降幅　　D. 货币工资降幅大于升幅

18. 在水平总供给曲线区域，决定产出增加的主导力量是（　　）。

A. 供给　　B. 需求

C. 工资　　D. 技术

19. 在水平总供给曲线区域，决定价格的主导力量是（　　）。

A. 供给　　B. 需求

C. 产出　　D. 以上各项都对

20. 在垂直总供给曲线区域，决定价格的主导力量是（　　）。

A. 供给　　B. 需求

C. 产出　　D. 以各项都对

21. 根据总供求模型，扩张性财政政策能使产出（　　）。

A. 增加　　B. 减少

B. 不变　　D. 无法确定

22. 根据总供求模型，扩张性货币政策能使价格水平（　　）。

A. 提高　　B. 下降　　C. 不变　　D. 无法确定

23. 若扩张总需求政策的产出效应最大，则表明总供给曲线是（　　）。

A. 水平的　　B. 向右上方倾斜的

C. 垂直的　　D. 无法确定

24. 若扩张总需求政策的价格效应最大，则表明总供给曲线是（　　）。

A. 水平的　　B. 向右上方倾斜的

C. 垂直的　　D. 无法确定

25. 扩张总需求政策使价格提高的区域是总供给曲线的（　　）。

A. 水平区域　　B. 向右上方倾斜区域

C. 垂直区域　　D. 无法确定

26. 总需求曲线表明（　　）。

A. 产品市场达到均衡时，总需求与价格水平之间的关系

B. 货币市场达到均衡时，总需求与价格水平之间的关系

C. 产品市场和货币市场达到均衡时，收入与利率之间的关系

D. 产品市场和货币市场达到均衡时，总需求与价格水平之间的关系

27. 总需求曲线向右下方倾斜是由于价格水平上升时（　　）。

A. 投资会减少　B. 消费会减少　C. 净出口会减少　D. 以上各项都是

28. 考虑能够使得总需求曲线更加陡峭的因素，下列陈述中最恰当的是（　　）。

A. 私人部门支出对利率更敏感　B. 支出乘数更大

C. 货币需求对利率更敏感　D. 以上各项都不对

29. 当（　　）时，古典总供给曲线存在。

A. 产出水平由劳动力供给等于劳动力需求的就业水平决定

B. 劳动力市场均衡不受劳动力供给曲线移动的影响

C. 劳动力需求和劳动力供给立即对价格水平的变化做出调整

D. 劳动力市场均衡不受劳动力需求曲线移动的影响

30. 假定经济实现充分就业，总供给曲线是垂直线，减税将（　　）。

A. 提高价格水平和实际产出　B. 提高价格水平但不影响实际产出

C. 提高实际产出但不影响价格水平　D. 对价格水平和产出均无影响

31. 假定经济实现充分就业，总供给曲线是垂直线，若增加 10%的名义货币供给，将（　　）。

A. 对价格水平没有影响　B. 提高利率水平

C. 增加名义工资 10%　D. 增加实际货币供给 10%

32. 假定经济实现充分就业，总供给曲线是垂直线，若政府支出增加，则（　　）。

A. 利率水平上升，实际货币供给减少

B. 利率水平上升，实际货币供给增加

C. 利率水平上升，不影响实际货币供给

D. 对利率水平和实际货币供给均无影响

33. 假定经济实现充分就业，总供给曲线是垂直线，名义货币供给增加，（　　）。

A. 实际货币供给增加　B. 不影响实际货币供给

C. 实际产出同比例增加　D. 利率水平下降

34. 假定经济实现了充分就业，总供给曲线的斜率为正，那么减税会使（　　）。

A. 价格水平上升，实际产出增加

B. 价格水平上升但不影响实际产出

C. 实际产出增加但不影响价格水平

D. 名义工资和实际工资都上升

35. 假定经济实现了充分就业，总供给曲线的斜率为正，增加政府支出会提高（　　）。

A. 均衡产出和价格水平　B. 均衡产出和实际工资

C. 均衡产出和实际利率　D. 以上各项都有可能

36. 假定经济实现了充分就业，总需求曲线向右移动会增加（　　）。

A. 实际工资、就业量和实际产出

B. 名义工资、就业量和实际产出

C. 劳动生产率和实际产出

D. 劳动力需求、就业量和实际工资

37. 当总供给曲线的斜率为正，单位原材料的实际成本增加时，总供给曲线会移向（　　）。

A. 右方，价格水平下降，实际产出增加

B. 左方，价格水平下降，实际产出增加

C. 右方，价格水平上升，实际产出减少

D. 左方，价格水平上升，实际产出减少

38. 当总供给曲线的斜率为正，成本中可变成本所占份额下降时，总供给曲线移向（　　）。

A. 左方，价格水平下降，实际产出增加

B. 右方，价格水平下降，实际产出增加

C. 左方，价格水平提高，实际产出减少

D. 右方，价格水平提高，实际产出减少

39. 引起长期总供给变化的因素不包括（　　）。

A. 技术进步　　B. 人口增长

C. 储蓄增加　　D. 资本存量增加

40. 如果工人生产率提高了一倍，而工资不变，总供给曲线会（　　）。

A. 内移　　B. 外移

C. 位置不变　　D. 不确定

41. 总供给曲线右移可能是因为（　　）。

A. 其他情况不变而厂商对劳动需求增加

B. 其他情况不变而所得税增加

C. 其他情况不变而原材料涨价

D. 其他情况不变而劳动生产率下降

42. 总需求曲线向右方移动的原因可能是（　　）。

A. 政府支出减少　　B. 货币供给量减少

C. 货币供给量增加　　D. 私人投资减少

43. 当（　　）时，总需求曲线更平缓。

A. 投资支出对利率变化较敏感　　B. 支出乘数较小

C. 货币需求对利率变化较敏感　　D. 货币供给量较大

44. 预期会使总需求曲线向右移动的是（　　）。

A. 政府支出增加　　B. 净出口减少

C. 劳动力参与减少　　D. 税收增加

45. 其他条件不变，如果我国主要的贸易伙伴国的国民收入增加了，会使我国的（　　）。

A. 总供给曲线左移　　B. 总供给曲线右移

C. 总需求曲线右移　　D. 总需求曲线左移

46. 其他条件不变，降低个人所得税和企业所得税会（　　）。

A. 增加总需求而减少总供给　　B. 使总需求和总供给都增加

C. 使总需求和总供给都减少　　D. 减少总需求而增加总供给

47. 古典学派认为总供给曲线是（　　）。

A. 垂直线　　B. 反 L 形折线

C. 右上倾斜曲线　　D. 右下倾斜曲线

48. 当（　　），古典总供给曲线存在。

A. 产出水平是由劳动力供给等于劳动力需求的就业水平决定时

B. 劳动力市场的均衡不受劳动力供给曲线移动的影响时

C. 劳动力需求和劳动力供给立即对价格水平的变化做出调整时

D. 劳动力市场的均衡不受劳动力需求曲线移动的影响时

49. 以价格为纵轴、收入为横轴的坐标系中，凯恩斯主义供给曲线是一条（　　）。

A. 与横轴平行的线　　B. 向右上方倾斜的曲线

C. 向右下方倾斜的曲线　　D. 与横轴垂直的线

50. 短期总供给曲线表明（　　）。

A. 总需求与价格水平同方向变动　　B. 总需求与价格水平反方向变动

C. 总供给与价格水平同方向变动　　D. 总供给与价格水平反方向变动

51. 长期总供给曲线表示（　　）。

A. 经济中的资源还没有得到充分利用

B. 经济中的资源已得到充分利用

C. 在价格不变时，总供给可以无限增加

D. 经济中存在着严重的失业

52. 在总供给曲线的水平部分，（　　）。

A. 假定经济资源价格不变

B. 表明即使不提高价格水平，也可以增加产出

C. 假定经济中存在闲置的经济资源

D. 以上各项都是

53. 使总供给曲线上移的原因是（　　）。

A. 工资提高　　B. 价格提高

C. 需求增加　　D. 技术进步

54. 价格水平提高，则 *LM* 曲线（　　）。

A. 右移　　B. 左移

C. 不变　　D. 不确定

55. 价格水平提高，则 *IS* 曲线（　　）。

A. 右移　　B. 左移

C. 不变　　D. 不确定

56. 价格水平提高，则（　　）。

A. 各利息率对应的产出增加　　B. 各利息率对应的产出减少

C. 各产出对应的利息率提高　　D. 各产出对应的利息率下降

57. 在长期总供给曲线区域，决定价格的力量是（　　）。

A. 需求　　B. 供给

C. 工资　　D. 技术

58. 当总供给曲线为正斜率，单位原材料的实际成本增加时，总供给曲线会移向（　　）。

A. 右方，价格水平下降，实际产出增加

B. 左方，价格水平下降，实际产出增加

C. 右方，价格水平上升，实际产出减少

D. 左方，价格水平上升，实际产出减少

59. 下列选项中，可以使总供给曲线向右移动的是（　　）。

A. 政府支出增加　　B. 净出口减少

C. 投入劳动力减少　　D. 采用先进技术生产

60. 总供给曲线左移可能是因为（　　）。

A. 货币工资增加　　B. 原材料涨价

C. 劳动生产率下降　　D. 以上各项都有可能

61. 总供给曲线向右移动的原因可能是（　　）。

A. 社会生产能力下降　　B. 社会投资减少

C. 社会投资增加　　D. 利率水平上升

62. 在名义工资不变时，价格水平提高使劳动供给曲线（　　）。

A. 向上移动　　B. 向下移动

C. 不变　　D. 不能确定

63. 总供给曲线右移不可能是因为（　　）。

A. 其他情况不变而厂商对劳动需求增加

B. 其他情况不变而技术水平提高

C. 其他情况不变而原材料涨价

D. 其他情况不变而劳动生产率提高

64. 在竞争性劳动市场中，如果劳动需求增加，表明（　　）。

A. 名义工资提高　　B. 实际工资提高

C. 名义工资和实际工资都提高　　D. 价格提高

65. 若实际工资高于均衡水平，则就业决定于（　　）。

A. 劳动供给　　B. 劳动需求

C. 劳动供给与劳动需求相等　　D. 不确定

66. 若名义工资不变，价格提高，则劳动需求（　　）。

A. 增加　　B. 减少

C. 不变　　D. 不确定

67. 在一般情况下，若名义工资不变，价格提高，则总供给（　　）。

A. 增加　　B. 减少

C. 不变　　D. 不确定

68. 下列选项中，（　　）不会引起总供给曲线的移动。

A. 劳动生产率提高　　B. 进口原油价格下降

C. 降低企业所得税　　D. 价格水平上升

69. 根据总供求模型，扩张性的财政政策或货币政策会使产出（　　）。

A. 增加　　B. 减少

C. 不变　　D. 不确定

70. 在总需求和总供给的短期均衡中，总需求的增加会引起（　　）。

A. 国民收入增加，价格水平上升

B. 国民收入增加，价格水平下降

C. 国民收入减少，价格水平上升

D. 国民收入减少，价格水平下降

71. 水平总供给曲线表明（　　）。

A. 价格水平低　　B. 资本极端闲置

C. 边际产量不变　　D. 以上各项都对

72. 向上倾斜的总供给曲线表明（　　）。

A. 名义工资不变　　B. 技术不变

C. 边际产量递减　　D. 以上各项都对

73. 在垂直总供给曲线区域，决定产出的主导力量是（　　）。

A. 供给　　B. 需求

C. 价格　　D. 以上各项都不对

74. 若扩张总需求政策的产出效应等于乘数效应，则可断定总供给曲线（　　）。

A. 是一条水平线　　B. 向右上方倾斜

C. 是一条垂直线　　D. 是不确定的

75. 价格提高能够刺激供给增加的条件是工资（　　）。

A. 增加　　B. 减少

C. 不变　　D. 不确定

76. 在总需求不变时，短期总供给的增加会引起（　　）。

A. 国民收入增加，价格水平上升　　B. 国民收入增加，价格水平下降

C. 国民收入减少，价格水平上升　　D. 国民收入减少，价格水平下降

77. 在总供求模型中，若总需求的变动只引起价格水平的变动，不会引起收入变动，那么这时的总供给曲线是（　　）。

A. 长期总供给曲线　　B. 短期总供给曲线

C. A 和 B 都有可能　　D. A 和 B 都不可能

78. 如果总需求增加并因此导致实际产出和就业增加，但价格水平不变，由此可知（　　）。

A. 总需求曲线与总供给曲线的水平部分相交

B. 总需求曲线与总供给曲线的垂直部分相交

C. 总需求曲线与总供给曲线的中间（正斜率）部分相交

D. 以上各项都有可能

79. 假如经济正处于潜在国民生产总值水平，政府支出增加这一政策的长期效果是（　　）。

A. 价格上升，产出上升　　B. 价格上升，产出不变

C. 价格不变，产出不变　　D. 价格不变，产出上升

80. 从凯恩斯主义的角度，政府扩张性财政政策的短期效果是（　　）。

A. 价格上升，产出上升　　B. 价格上升，产出不变

C. 价格不变，产出不变　　D. 价格不变，产出上升

81. 在非充分就业的条件下，扩大总需求会使（　　）。

A. 国民收入增加　　B. 总供给曲线向右移动

C. 利率下降　　D. 物价水平下降

82. 假定经济实现充分就业，总供给曲线是垂直线，减税将（ ）。

A. 提高价格水平和实际产出

B. 提高价格水平但不影响实际产出

C. 提高实际产出但不影响价格水平

D. 对价格水平和产出均无影响

83. 当存在生产能力过剩时，（ ）。

A. 总需求增加对产出无影响

B. 总供给增加将提高价格

C. 总供给减少将提高价格

D. 总需求增加将提高产出，而对价格影响很小

84. 短期总需求大于总供给，可能产生的结果是（ ）。

A. 总供给减少　B. 总需求增加　C. 物价上升　D. 物价下降

85. 如果总需求增加而总供给减少，则（ ）。

A. 价格水平会下降，实际产出可能增加也可能减少

B. 价格水平会上升，实际产出可能增加也可能减少

C. 价格水平和实际产出都上升

D. 价格水平和实际产出都下降

86. 在（ ）情况下，价格水平可能会上升。

A. 总供给和总需求都增加　B. 总供给和总需求都减少

C. 总供给减少，总需求增加　D. 总供给增加，总需求减少

87. 下列关于财政政策和货币政策的效果的说法中，正确的是（ ）。

A. 在凯恩斯的极端情况下，扩张性财政政策能够有效提高产量、就业和价格水平

B. 在古典的极端情况下，扩张性财政政策能够有效提高产量、就业和价格水平

C. 在凯恩斯的极端情况下，扩张性货币政策不起作用

D. 在古典的极端情况下，扩张性货币政策不起作用

88. 政府对不利的供给冲击实行紧缩性的货币政策，结果将是（ ）。

A. 通货膨胀率和自然失业率都降低　B. 通货膨胀率降低，失业率上升

C. 通货膨胀率和失业率都上升　D. *AS* 曲线回到原来的位置

89. 如果政府采购支出增加，名义货币供给量减少，那么可以预期在中期内，（ ）。

A. 总需求和价格将下降，利率将上升

B. 总需求、利率和价格都上升

C. *AD* 曲线将向右移动，*AS* 曲线将向上移动

D. 利率将上升，总需求和价格可能上升、下降或不变

90. 假设某国某年出现严重自然灾害，使当年所有农作物产量锐减，则会出现（　　）。

A. 总供给减少，价格水平上升，国民收入减少的滞胀现象

B. 总供给减少，价格水平下降，国民收入减少的经济衰退现象

C. 总需求减少，价格水平上升，国民收入减少的滞胀现象

D. 总需求减少，价格水平下降，国民收入减少的经济衰退现象

91.（　　）情况会引起总需求曲线向右移动。

A. 物价水平不变时利率上升　　B. 预期的通货膨胀上升

C. 税收增加　　D. 物价水平下降

92. 长期总供给曲线（　　）。

A. 向右上方倾斜　　B. 向右下方倾斜

C. 是一条垂直线　　D. 是一条水平线

93. 长期总供给曲线代表的实际国民生产总值的水平是（　　）。

A. 每个企业都生产其能力产量

B. 经济中实现了充分就业

C. 经济中的产量达到了其物质限制

D. 每个企业都生产其能力产量，而且经济实现了充分就业

94. 短期总供给反映了物价水平与实际国民生产总值供给量之间的关系，它的假设条件是（　　）。

A. 生产要素（投入品）的价格不变　　B. 生产要素的数量不变

C. 政府的支出水平不变　　D. 物价水平不变

95. 短期总供给曲线向右上方倾斜，该曲线变为一条垂线的条件是（　　）。

A. 每个企业都生产其能力产量　　B. 每个企业的产量达到其物质限制

C. 经济中实现了充分就业　　D. 与总需求曲线相交

96. 技术进步会引起（　　）。

A. 短期总供给曲线和长期总供给曲线都向右方移动

B. 短期总供给曲线和长期总供给曲线都向左方移动

C. 短期总供给曲线向右方移动，但长期总供给曲线不变

D. 长期总供给曲线向右方移动，但短期总供给曲线不变

97. 工资下降将引起（　　）。

A. 短期总供给曲线和长期总供给曲线都向下移动

B. 短期总供给曲线和长期总供给曲线都向上移动

C. 短期总供给曲线向右移动，但长期总供给曲线不变

D. 短期总供给曲线向左移动，但长期总供给曲线不变

98. 当宏观经济均衡时，（　　）。

A. 经济实现了充分就业

B. 经济的产量达到其物质限制

C. 总需求曲线与短期总供给曲线垂直的部分相交

D. 实际国民生产总值需求量等于实际国民生产总值供给量

99. 如果实际国民生产总值大于长期总供给，那么经济（　　）。

A. 没有实现宏观经济均衡　　B. 实现了充分就业均衡

C. 处于充分就业均衡之上　　D. 实现了失业均衡

100. 如果投入品价格保持不变，企业的生产低于其物质限制水平，则总需求增加会引起（　　）。

A. 物价水平上升，实际国民生产总值增加

B. 物价水平上升，实际国民生产总值减少

C. 物价水平下降，实际国民生产总值增加

D. 物价水平下降，实际国民生产总值减少

101.（　　）情况可能是物价水平上升和实际国民生产总值减少的原因。

A. 预期未来的利润率上升　　B. 总财产减少

C. 原料价格上升　　D. 资本存量增加

102.（　　）情况可能是物价水平上升和实际国民生产总值增加的原因。

A. 预期未来的利润率上升　　B. 总财产减少

C. 原料价格上升　　D. 资本存量增加

103. 用 *AD*–*AS* 模型可以直接决定（　　）。

A. 国民收入和利率　　B. 国民收入和价格水平

C. 价格水平和利率　　D. 以上各项都对

104. 古典模型和凯恩斯主义模型之间的一个重要不同在于，在凯恩斯主义模型中，（　　）。

A. 供给创造它自己的需求，而在古典模型中，需求创造它自己的供给

B. 总需求的变化主要导致价格变动，而在古典模型中，它导致就业的变动

C. 总需求的变化主要导致就业的变动，而在古典模型中，它导致价格的变动

D. 价格是部分可变的，而在古典模型中，价格是完全可变的

105. 经济不可能一直保持处于长期总供给之上的实际国民生产总值水平在于投入品的价格（　　）。

A. 会下降，从而长期总供给曲线向右方移动

B. 会下降，从而短期总供给曲线向下方移动

C. 会上升，从而长期总供给曲线向左方移动

D. 会上升，从而短期总供给曲线向上方移动

106. 下列选项中，（　　）代表古典总供给曲线的政策含义。

A. 宏观经济政策对解决失业问题是有效的

B. 宏观经济政策对解决失业问题是无效的

C. 宏观的财政政策对解决失业问题是有效的，而货币政策无效

D. 宏观的货币政策对解决失业问题是有效的，而财政政策无效

107. 下列选项中，说法正确的是（　　）。

A. 短期内，产出由资本量、劳动和技术决定；利率调整，使货币供需均衡；价格水平调整，使可出借资金供需均衡

B. 短期内，产出由资本量、劳动和技术决定；利率调整，使可出借资金供需均衡；价格水平调整，使货币供需均衡

C. 短期内，产出由资本量、劳动和技术决定；利率调整，使可出借资金供需均衡；价格水平不变

D. 短期内，产出由产品与服务的总需求决定；利率调整，使可出借资金供需均衡；价格水平调整，使货币供需均衡

二、判断题

1. 利率效应是影响总需求的因素之一。（　　）

2. 由股票市场价格上升导致的财富的增加会引起经济沿着现存的总需求曲线移动。（　　）

3. 当名义货币供给不变时，价格水平的变动将引起总需求的变动。（　　）

4. 当价格水平发生变动时，*IS* 曲线和 *LM* 曲线的位置相应移动。（　　）

5. *IS* 曲线的利率弹性越大，*AD* 曲线就越陡峭。（　　）

6. 货币需求的利率弹性越大，*AD* 曲线就越陡峭。（　　）

7. 货币需求的收入弹性越大，*AD* 曲线就越平坦。（　　）

8. 财政政策通过对 *LM* 曲线位置的影响而影响 *AD* 曲线。（　　）

9. 货币政策通过对 *IS* 曲线位置的影响而影响 *AD* 曲线。（　　）

10. 当采用扩张性的经济政策时，对应每一价格水平的总需求水平都有提高。（　　）

11. 如果其他条件不变，政府购买支出增加所导致的 *IS* 曲线的移动等同于总需求曲线的移动，表明政府支出增加导致了私人支出的下降。（　　）

12. 其他条件不变，出口增加将会导致总需求曲线更加陡峭。（　　）

13. 在极端凯恩斯主义者看来，总需求一旦确定，就可以确定总收入水平。如果增加一笔自主性支出，总收入的增加将会等于自主性支出的增加。（　　）

14. 总供给曲线的垂直部分又可以称作非充分就业部分。（　　）

15. 长期总供给曲线即潜在产量线。（　　）

16. 1929 年大危机时美国经济是在其供给曲线的水平部分运行的。（　　）

17. 生产可能性曲线向外移动会使总供给曲线向右移动。（　　）

18. 提高企业所得税会使总供给曲线向左移动。（　　）

19. 单位生产成本下降会使总供给曲线向左移动。（　　）

20. 总供给曲线同时反映了货币市场和产品市场的均衡状态。（　　）

21. 扩张总需求的价格效应最大，表明总供给曲线是长期总供给曲线。（　　）

22. 如果社会总资本存量增加，长期总供给曲线将会向右移动。（　　）

23. 大宗商品价格上升，宏观经济均衡改变的可能是物价上升，产出下降。（　　）

24. 假设现在有劳动力市场竞争均衡。按照古典经济学观点，如果增加货币供给，名义工资上升，在信息完全条件下，就业将会增加。（　　）

25. 如果经济中有一条极端凯恩斯总供给曲线。当劳动的边际产出增加时，总供给曲线将会下移。（　　）

26. 按照凯恩斯主义观点，当经济衰退时，中央银行增加货币供给是无助于反衰退的。（　　）

27. 基本凯恩斯总供给曲线形成的条件是价格刚性。（　　）

28. 按照萨伊定律，如果劳动力市场是完全竞争市场，资本存量既定，劳动和资本贡献率已知，即使不知道经济中的总需求，也可以确定经济的均衡收入水平。（　　）

29. 若中央银行仅仅关心保持价格水平稳定，当石油价格外生性增长时，中央银行应该增加货币供给。（　　）

30. 在长期总供给水平上，由于生产要素等得到了充分利用，因此经济中不存在失业。（　　）

31. 实际 GDP 的波动只由总需求变动引起，不为总供给变动所影响。（　　）

三、简答题

1. 总需求曲线和单个商品的需求曲线有何不同?

2. 凯恩斯主义的劳动力市场理论中关于货币工资“刚性”的假设是什么?

3. 货币工资具有完全伸缩性假设的主要内容是什么?

4. 货币需求减少对总产出和价格水平有什么影响？

5. 为什么古典理论认为总供给曲线总是垂直的？

6. 向上倾斜的总供给曲线有何经济含义？

7. 为什么长期总供给曲线是一条垂线?

8. 政府采取扩张总需求的政策对价格水平、产出和利率会有什么影响?

9. 当总供给曲线是古典总供给曲线时，政府支出增加，价格水平、产出、利率和就业量如何变化?

10. 如何推导出总需求曲线？

11. 如何推导凯恩斯主义总供给曲线？

12. 总需求曲线的理论来源是什么？说明总需求曲线为什么向右下方倾斜？

13. 根据 *IS* 曲线方程和 *LM* 曲线方程推导总需求函数，并说明函数中的参数对总需求函数的影响及其经济学含义是什么。

14. 总供给曲线的理论来源是什么？怎样理解总供给曲线的斜率通常为正？

15. 说明长期总供给曲线的推导过程。

16. 引起总需求曲线移动的原因有哪些？

17. 引起总供给曲线移动的原因有哪些？

18. 试比较古典 *AD–AS* 模型和修正的凯恩斯 *AD–AS* 模型。

19. 总需求-总供给模型的基本内容是什么？

20. 简单的凯恩斯模型、*IS*-*LM* 模型、*AD*-*AS* 模型有何内在联系？

四、计算题

1. 已知总需求曲线为 $Y_D = 1\ 000 - 15P$，总供给曲线为 $Y_S = 200 + 5P$。

（1）求供求平衡点。

（2）如果总供给曲线不变，总需求曲线向右平移 10%，求新的总需求曲线和供求平衡点。

（3）如果总需求曲线不变，总供给曲线向左平移 10%，求新的总供给曲线和供求平衡点。

2. 已知名义货币供给 M 为 200，价格水平 P 为 1，实际货币需求函数为 $L=0.2Y-4r$。

（1）求货币市场均衡的 LM 曲线方程。

（2）在其他条件不变的情况下，价格水平上升到 1.6，LM 曲线方程如何变化？

3. 设劳动需求函数为 $N_d=500-10(W/P)$，名义工资 $W=20$，未达到充分就业时劳动供给弹性无限大，充分就业量为 400。

（1）求 $P=1$ 时的就业状况。

（2）求 $P=2$ 时的就业状况。

（3）当 $P=1$ 时，名义工资 W 降低多少可以实现充分就业？

4. 假定经济的短期生产函数为 $Y=10N-0.01N^2$，劳动需求函数 $N_d=100-5\left(\frac{W}{P}\right)$，劳动供给函数 $N_S=20+5\left(\frac{W}{P}\right)$。其中，$W$ 为名义工资，P 为价格水平，W/P 为实际工资。

（1）求均衡就业量、实际工资和对应的短期产出水平。

（2）在货币“刚性”的假设下，若价格水平下降 20%，求此时的实际工资、就业量和对应的短期产出水平。

5. 某两部门经济的消费函数 $C=50+0.6Y$，投资函数 $I=150-4r$，货币需求为 $L=0.4Y-2r$，名义货币供给量 M 为 200，价格水平为 P，试推导出该两部门经济的总需求曲线。

6. 假定某三部门经济，消费函数 $C=600+0.8Y_d$，投资函数 $I=100-18r$，政府购买 $G=200$，税收为 20%的比例税，货币需求 $L=0.5Y-25r$，名义货币供给 $M=1\ 000$，价格水平为 P。

（1）求三部门经济的总需求函数。

（2）当价格水平 $P=1$ 时的产出和利率。

7. 假设某经济的充分就业水平为 1 200，总供给曲线为倒 L 形，水平部分 $P=2$。消费函数 $C=50+0.8Y$，投资函数 $I=150-4r$，政府购买 $G=100$，货币需求 $L=0.2Y-4r$，名义货币供给 $M=200$，价格水平为 P。

（1）求该经济的总需求曲线和均衡点。

（2）当政府实行扩张性需求政策增加支出 100 时，求该经济的均衡点。

（3）为了不让价格水平上升，政府最多只能增加多少支出？

8. 设某经济的消费函数 $C=100+0.8Y_d$，投资函数 $I=10-2r$，政府购买 $G=50$，税收 $T=50$，货币需求函数 $L=0.5Y-5r$，货币供给 $M=100$，价格水平为 P。假设总供给曲线向右上方倾斜，方程为 $Y=100+20P$。

（1）求总需求函数和经济均衡点。

（2）当政府购买和税收都增加到 100 时，求新的经济均衡点。

（3）当货币供给增加到 200 时，求新的经济均衡点。

9. 设劳动需求函数 $N_d=200-10\left(\frac{W}{P}\right)$，劳动供给函数 $N_s=50+5\left(\frac{W}{P}\right)$，生产函数为 $Y=5K^{0.5}N^{0.5}$，W 为名义工资，P 为价格水平。

（1）假设在长期中，资源充分利用 $K=2\ 500$，求长期总供给曲线。

（2）假设在短期中，资源利用 $K=1\ 600$，且名义工资 $W=20$ 具有刚性，求凯恩斯主义总供给曲线。

（3）求实际工资 $W/P=5$ 时的失业人数与实际产出。

10. 设某一三部门的经济中，消费函数为 $C=400+0.8Y$，投资函数为 $I=60-2r$，货币需求函数为 $L=Y-10r$，名义货币供给 M 为 1 000，价格水平为 P，政府购买 $G=100$，税收 $T=100$。在劳动力市场中，劳动需求函数 $N_d=100-3\left(\frac{W}{P}\right)$，劳动供给函数 $N_s=40+2\left(\frac{W}{P}\right)$。长期生产函数 $Y=5K^{0.5}N^{0.5}$。

（1）求总需求函数。

（2）若在长期中，生产资本 $K=1\ 000$，求长期总供给曲线。

（3）求此经济社会长期的均衡产出和价格水平。

第五章
失业、通货膨胀和经济周期

一、单项选择题

1. 下列关于自然失业（率）的说法中，正确的是（　　）。

A. 增加失业救济可以减少失业痛苦，从而减少自然失业

B. 自然失业率是恒定不变的

C. 自然失业包含摩擦性失业

D. 自然失业与一国的经济效率之间存在紧密的关系

2. 劳动力参与率反映的是（　　）。

A. 成年劳动力占成年人口的比率　　B. 成年人就业比率

C. 劳动力就业比率　　D. 劳动力就业比率与失业比率之和

3. 假设某国家的总人口数为10亿人，就业者为3.5亿人，失业者为0.5亿人，则该国的失业率为（　　）。

A. 35%　　B. 12.5%　　C. 14%　　D. 5%

4. 社会技术进步和产业新兴导致部分人不适应工作岗位要求，由此产生的失业属于（　　）。

A. 摩擦性失业　　B. 结构性失业　　C. 周期性失业　　D. 非自愿性失业

5. 根据新凯恩斯主义学派的观点，不属于对“工资粘性”的解释的理论是（　　）。

A. 效率工资理论　　B. 劳动力市场摩擦理论

C. 局内人-局外人理论　　D. 劳动工资合同理论

6. 下列选项中，不属于新凯恩斯主义学派对劳动力市场“工资粘性”的解释的是（　　）。

A. 局内人-局外人理论　　B. 劳动工资合同理论

C. 有效需求理论　　D. 效率工资理论

7. 古典经济学对失业原因的解释是（　　）。

A. 效率工资理论　　B. 劳动力市场摩擦理论

C. 劳动工资合同理论　　D. 局内人-局外人理论

8. 凯恩斯主义经济学对失业原因的解释是（　　）。

A. 劳动工资合同理论　　B. 效率工资理论

C. 局内人-局外人理论　　D. 有效需求理论

9. 下列选项中，属于劳动力范围的是（　　）。

A. 全日制学生　　C. 监狱服刑人员

B. 军队服役人员　　D. 未就业但努力寻找工作的人

10. 下列选项中，不属于失业者的概念界定条件的是（　　）。

A. 处于法定劳动年龄阶段　　B. 具有劳动能力

C. 有工作意愿但找不到工作岗位　　D. 退休人员

11. 下列选项中，属于反映劳动力市场状况的通常指标的是（　　）。

A. 失业率　　B. 离职率

C. 劳动参与率　　D. 以上各项都是

12. 根据劳动者的主观愿望，失业分为（　　）。

A. 摩擦性失业和周期性失业　　B. 摩擦性失业和结构性失业

C. 自愿失业和非自愿失业　　C. 周期性失业和结构性失业

13. 根据凯恩斯主义的观点，失业者范围包括（　　）。

A. 没有就业的所有人　　B. 没有工作但努力寻找工作的人

C. 家庭企业员工　　D. 自我雇佣者

14. 根据凯恩斯主义的观点，（　　）被彻底消除时，可以“近似”视为“充分就业”。

A. 摩擦性失业　　B. 结构性失业　　C. 周期性失业　　D. 自愿失业

15.（　　）不属于“非自愿失业”。

A. 摩擦性失业　　B. 结构性失业　　C. 周期性失业　　D. 波动性失业

16. 根据凯恩斯的理论，非自愿性失业的原因有（　　）。

A. 需求不足　　B. 资本边际效率递减

C. 工资刚性　　D. 以上都是

17. 效率工资水平决定需要考虑的因素是（　　）。

A. 效率工资厂商提供的工资标准　　B. 其他企业提供的工资标准

C. 失业率水平　　D. 以上各项都是

18. 效率工资理论认为，高工资使工人效率更高。下列选项中，不支持这一观点的是（　　）。

A. 增强工人体质　　B. 减少劳动的流动性

C. 提高工人的努力程度　　D. 减少工人的罢工现象

19. 如果自愿失业者纳入失业人口范围，那么（　　）。

A. 失业率将会不变　　B. 失业率将会上升

C. 失业率将会下降　　D. 失业率变动将会不确定

20. 降低工资水平，离职率（　　）。

A. 将会上升　　B. 将会下降

C. 变动将会不确定　　D. 将会不变

21. 农产品生产的季节性导致的失业类型属于（　　）。

A. 摩擦性失业　　B. 结构性失业

C. 周期性失业　　D. 自愿失业

22. 工人所要求的实际工资超过了其边际生产率所造成的失业属于（　　）。

A. 摩擦性失业　　B. 结构性失业

C. 自愿性失业　　D. 技术性失业

23. 经济体系变动导致某些经济行业收缩，从而被迫解雇部分工人的失业类型属于（　　）。

A. 摩擦性失业　　B. 结构性失业

C. 周期性失业　　D. 自愿失业

24. 下列选项中，说法正确的是（　　）。

A. 不同群体的失业率不同　　B. 失业率随经济波动而波动

C. 摩擦性失业率上升不一定是坏事　　D. 以上都对

25. 政府培训计划和最低工资的增加分别会（　　）。

A. 减少摩擦性失业，减少结构性失业

B. 减少结构性失业，增加摩擦性失业

C. 减少结构性失业，减少摩擦性失业

D. 减少摩擦性失业，增加结构性失业

26. 测量得到的失业率可能比实际的失业率低是因为（　　）。

A. 测量得到的失业率不包括摩擦性失业

B. 丧失信心的工人被算在劳动力之外

C. 一些不努力寻找工作的人被算作失业者

D. 测量得到的失业率不包括青年的失业

27. 经济衰退时期的失业类型属于（　　）。

A. 摩擦性失业　　B. 结构性失业

C. 周期性失业　　D. 自愿失业

28. 根据凯恩斯主义的观点，当经济体系实现“充分就业”时，依然存在的失业类型是（　　）。

A. 摩擦性失业和周期性失业　　B. 摩擦性失业和结构性失业

C. 结构性失业和周期性失业　　D. 以上各项都不是

29. 根据现代货币主义的观点，经济体系中的“正常”失业率水平是（　　）。

A. 摩擦性失业和结构性失业之和　　B. 自然失业率

C. 充分就业失业率　　D. 以上各项都是

30. 下列选项中，属于经济学考虑的失业者范畴的是（　　）。

A. 希望全职工作但只能找到兼职工作的人

B. 寻找工作未果后放弃寻找工作者

C. 认为自己工资太少而不愿寻找工作的人

D. 以上各项都不是

31. 工作岗位创造和工作岗位消亡并存是（　　）。

A. 经济体系的严重缺陷　　B. 经济体系的理想状态

C. 失业率持续升高的原因　　D. 失业率持续下降的原因

32. 失业将会导致失业者面临哪些困境（　　）。

A. 家庭收入下降　　B. 个人健康受损

C. 个人自信心下降　　D. 以上各项都是

33. 失业对全社会的影响包括（　　）。

A. 容易导致社会动荡　　B. 政府财政负担增加

C. 社会悲观氛围　　D. 以上各项都是

34. 如果实际失业率上升，那么实际产出将会（　　）。

A. 上升　　B. 下降　　C. 不变　　D. 不确定

35. 正在等待重新回到工作岗位的人属于（　　）。

A. 失业者　　B. 就业者　　C. 非劳动力　　D. 非充分就业者

36. 因病不能工作的人属于（　　）。

A. 失业者　　B. 就业者　　C. 非劳动力　　D. 非充分就业者

37. 如果一名大学生在毕业后进入工作岗位，我们可以预期失业率将会（　　）。

A. 上升　　B. 下降

C. 不变　　D. 变动不确定

38. 下列选项中，正确的是（　　）。

A. 经济衰退期的失业持续时间趋于延长

B. 不同劳动者群体的失业率是不同的

C. 摩擦性失业未必是坏事

D. 以上各项都正确

39. 传统钢铁行业衰落而导致的失业类型属于（　　）。

A. 摩擦性失业　　B. 结构性失业

C. 周期性失业　　D. 自愿失业者

40. 根据奥肯定律的增长率形式，如果要想保持实际失业率不变，则实际产出将会（　　）。

A. 上升　　B. 下降　　C. 不变　　D. 不确定

41. 如果2018年的CPI为210，2019年的CPI为220，那么2019年的通货膨胀率是（　　）。

A. 10%　　B. 110%　　C. 4.7%　　D. 4.5%

42. （　　）的衡量对象是全社会的所有产品和服务价格变动。

A. 消费者价格指数　　B. 生产者价格指数

C. GDP平减指数　　D. 通货膨胀率

43. 如果某国2019年的名义GDP为120万亿元，实际GDP为100万亿元，那么该国2019年的GDP平减指数为（　　）。

A. 20　　B. 20%　　C. 120　　D. 83

44. 实际利率等于（　　）。

A. 名义利率加上通货膨胀率　　B. 名义利率减去通货膨胀率

C. 通货膨胀率减去名义利率　　D. 以上各项都不是

45. 如果通货膨胀率为7%，名义利率为5%，那么实际利率为（　　）。

A. 12%　　B. 2%　　C. -2%　　D. 以上各项都不是

46. 采取收入政策治理的通货膨胀类型主要是（　　）。

A. 需求拉动型通货膨胀　　B. 成本推动型通货膨胀

C. 结构型通货膨胀　　D. 输入型通货膨胀

47. 通货膨胀不会带来的成本是（　　）。

A. 鞋底成本　　B. 菜单成本　　C. 通货膨胀税　　D. 变动成本

48. 下列选项中，不属于恶性通货膨胀的是（　　）。

A. 伴随着社会动荡　　B. 通货膨胀率达到两位数

C. 货币贬值严重　　D. 通常出现在政权更替时期

49. 恶性通货膨胀通常表现为（　　）。

A. 对货币的实际需求增加，相对价格的稳定性下降

B. 对货币的实际需求减少，相对价格的稳定性下降

C. 对货币的实际需求增加，相对价格的稳定性上升

D. 对货币的实际需求减少，相对价格的稳定性上升

50. 非加速通货膨胀失业率（NAIRU）描述的场景是（　　）。

A. 价格变动的向上力量和向下力量保持平衡

B. 实际通货膨胀率保持稳定

C. 经济体系长期维持最低失业率

D. 以上各项都是

51. 下列选项中，不是成本推动型通货膨胀的形成原因的是（　　）。

A. 工会组织要求企业提高员工工资　　B. 寡头企业追求更高利润

C. 进口商品价格上涨　　D. 居民消费结构升级

52. 未被预料到的通货膨胀将会导致（　　）。

A. 财富从债务人手中转移到债权人

B. 财富从债权人手中转移到债务人

C. 财富从政府手中转移到购买国债的人

D. 政府将会采取物价变动指数化

53. 需求拉动型通货膨胀的主要原因是（　　）。

A. 社会总需求超过社会总供给　　B. 社会总需求低于社会总供给

C. 原材料价格等企业成本上升　　D. 某些部门的产品需求增加太快

54. 成本推动型通货膨胀的主要原因是（　　）。

A. 社会总需求超过社会总供给　　B. 社会总需求低于社会总供给

C. 原材料价格等企业成本上升　　D. 某些部门的产品需求增加太快

55. 预料到的通货膨胀将会导致（　　）。

A. 持有货币者面临“皮鞋成本”　　B. 企业面临“菜单成本”

C. 税收负担将会扭曲　　D. 以上各项都是

56. 通货膨胀的“皮鞋成本”意味着持有货币者将会面临（　　）。

A. 货币资产减少，实物资产减少　　B. 货币资产减少，实物资产增加

C. 货币资产增加，实物资产减少　　D. 货币资产增加，实物资产增加

57. 通货膨胀的“菜单成本”意味着企业倾向于（　　）。

A. 提高产品价格，印制新菜单　　B. 降低产品价格，印制新菜单

C. 更新菜品，印制新菜单　　D. 保持菜单不变

58. 在通货膨胀时期，持有货币的成本等于（　　）。

A. 名义利率　　B. 事前实际利率加上预期通货膨胀率

C. A 和 B　　D. 事后实际利率

59. 通货膨胀的“收入再分配效应”意味着未被预料到的通货膨胀将会导致（　　）。

A. 工资收入阶层受益，利润收入阶层受损

B. 工资收入阶层受益，利润收入阶层受益

C. 工资收入阶层受损，利润收入阶层受损

D. 工资收入阶层受损，利润收入阶层受益

60. 通货膨胀的“债权债务再分配效应”意味着未被预料到的通货膨胀将会导致（　　）。

A. 债权人受益，债务人受益　　B. 债权人受益，债务人受损

C. 债权人受损，债务人受益　　D. 债权人受损，债务人受损

61. 通货膨胀的“财富再分配效应”意味着未被预料到的通货膨胀将会导致（　　）。

A. 穷人受损，富人受益　　B. 穷人受损，富人受损

C. 穷人受益，富人受益　　D. 穷人受益，富人受损

62. 原始的菲利普斯曲线表明（　　）。

A. 失业率与货币工资变动率呈同向变动

B. 失业率与货币工资变动率呈反向变动

C. 失业率与通货膨胀率呈同向变动

D. 失业率与通货膨胀率呈反向变动

63. 标准的菲利普斯曲线表明（　　）。

A. 失业率与货币工资变动率呈同向变动

B. 失业率与货币工资变动率呈反向变动

C. 失业率与通货膨胀率呈同向变动

D. 失业率与通货膨胀率呈反向变动

64. 菲利普斯曲线意味着（　　）。

A. 物价上升时，则失业率上升　　B. 物价上升时，则失业率下降

C. 物价上升时，则失业率保持不变　　D. 以上各项都不对

65. 菲利普斯曲线的各种形式表明（　　）。

A. 失业率与货币工资变化率呈反向变动

B. 失业率与通货膨胀率呈反向变动

C. 经济增长率与通货膨胀率呈同向变动

D. 以上各项都正确

66. 下列关于菲利普斯曲线的表述中，正确的是（　　）。

A. 菲利普斯曲线与总供给曲线的实质相同

B. 菲利普斯曲线与总供给曲线的实质不同

C. 菲利普斯曲线与总需求曲线的实质相同

D. 以上各项都不对

67. 给定菲利普斯曲线，（　　）。

A. 扩张性货币政策使得该曲线左移

B. 紧缩性财政政策使得该曲线左移

C. 需求管理政策不会导致菲利普斯曲线整体的移动，但会使曲线上的点沿着固定的菲利普斯曲线移动

D. 需求管理政策不但会导致菲利普斯曲线整体的移动，而且会使曲线上的点沿着固定的菲利普斯曲线移动

68. "滞涨"局面意味着（　　）。

A. 经济增长加速，通货膨胀率上升

B. 经济增长减速，通货膨胀率上升

C. 经济增长加速，通货膨胀率下降

D. 经济增长减速，通货膨胀率下降

69. 滞胀问题如果用菲利普斯曲线表示，则应该是（　　）。

A. 一条垂直于横轴的菲利普斯曲线　　B. 一条长期斜率为正的曲线

C. 短期菲利普斯曲线不断外移　　D. 一条不规则的曲线

70. 根据附加预期的菲利普斯曲线和适应性预期，如果前一年通货膨胀率为7%，那么当年菲利普斯曲线将会（　　）。

A. 向上移动　　B. 向下移动

C. 保持不变　　D. 变动方向不确定

71. 长期菲利普斯曲线表明（　　）。

A. 失业率与通货膨胀率呈同向变动

B. 失业率与通货膨胀率呈反向变动

C. 失业率与通货膨胀率不存在替代关系

D. 以上各项都不对

72. 菲利普斯曲线的存在意味着（ ）。

A. 存在粘性工资
B. 预期在短期内无效
C. 预期在长期内无效
D. 短期内无工资与失业间的替代

73. 传统的菲利普斯曲线向左移动表明（ ）。

A. 劳动生产率降低了

B. 与每一失业率水平相对应的通货膨胀率比以前降低了

C. 生产成本推动型通货膨胀的压力增加了

D. 与失业率水平相对应的通货膨胀率比以前提高了

74. 长期菲利普斯曲线表明，通货膨胀率上升时，（ ）。

A. 失业率上升
B. 失业率下降
C. 失业率不变
D. 失业率变动方向不确定

75. 通货紧缩时期的经济特征包括（ ）。

A. 物价水平上升，货币供给量上升
B. 物价水平上升，货币供给量下降
C. 物价水平下降，货币供给量上升
D. 物价水平下降，货币供给量下降

76. 根据供给学派的观点，“滞涨”源于政府的（ ）。

A. 扩张性财政政策和扩张性货币政策

B. 紧缩性财政政策和紧缩性货币政策

C. 扩张性财政政策和紧缩性货币政策

D. 紧缩性财政政策和扩张性货币政策

77.“滞涨”时期将会出现的情况有（ ）。

A. 生产停滞
B. 失业增加
C. 物价上升
D. 以上各项都有

78. 在经济体系接近扩张阶段末端时，通常会出现的情况有（ ）。

A. 利率上升
B. 工资增加速度比物价增长速度更快
C. 企业利润下降
D. 以上各项都有

79. 家庭债务显著增加的经济周期阶段是（ ）。

A. 经济衰退即将结束时
B. 经济扩张即将结束时
C. 经济扩张阶段的中间过程
D. 经济衰退阶段的中间过程

80. 在经济扩张阶段，通常出现的情况有（ ）。

A. 失业率上升，通货膨胀率上升
B. 失业率上升，通货膨胀率下降
C. 失业率下降，通货膨胀率上升
D. 失业率下降，通货膨胀率下降

81. 在经济衰退阶段，通常出现的情况有（　　）。

A. 失业率上升，通货膨胀率上升　　B. 失业率上升，通货膨胀率下降

C. 失业率下降，通货膨胀率上升　　D. 失业率下降，通货膨胀率下降

82. 根据持续时间长短，熊彼特划分的经济周期类型不包括（　　）。

A. 康德拉季耶夫周期　　B. 尤格拉周期

C. 基钦周期　　D. 费雪周期

二、判断题

1. 在读学生属于经济学意义上的失业者范畴。（　　）

2. 根据凯恩斯主义的观点，劳动力范围主要包括就业者和非自愿失业者。（　　）

3. 根据凯恩斯主义的观点，“充分就业”时的失业率为零。（　　）

4. 自然失业率不受政策变动的影响。（　　）

5. 失业保险可以降低失业率，因为它可以帮助工人更容易找到工作。（　　）

6. 在一个经济体中，政府制定了 50 美元/小时的最低工资，那么所有以前工资低于 50 美元/小时的工人都将看到他们的工资上涨。（　　）

7. 由于怀孕待产，自愿失业在家，属于自愿性失业。（　　）

8. 通货膨胀时期的实际产出一定增加。（　　）

9. 对通货膨胀的预期会加剧实际的通货膨胀。（　　）

10. 理性预期学派认为，如果中央银行公开宣布提高货币增长率，结果会是失业率不变而通货膨胀率上升。（　　）

11. 无论从短期还是从长期来看，通货膨胀率由货币供给增长率、货币流通速度变化率和产出的增长率所决定。（　　）

12. 通货紧缩比通货膨胀更容易导致银行系统很快出现大面积坏账。（　　）

13. 如果通货膨胀被完全预期到了，那么通货膨胀将是没有成本的。（　　）

14. 超速通货膨胀可能扭曲价格体系，但是并不对实际产出造成任何影响。（　　）

15. 根据标准菲利普斯曲线，通货膨胀率和失业率呈反向变动关系。（　　）

16. 根据奥肯定律，实际产出增长率与实际失业率呈正向变动关系。（　　）

17. 菲利普斯曲线方程式和短期总供给曲线方程式在本质上代表了同样的宏观经济思想，因此经济学家也常用菲利普斯曲线来表示总供给。（　　）

18. 如果菲利普斯曲线在长期内有效，说明预期在长期内是无效的。（　　）

19. “通货膨胀随时随地都是一种货币现象”，这是凯恩斯学派的观点。（　　）

20. 理性预期认为长短期的菲利普斯曲线是相同的。（　　）

21. 根据通货膨胀的收入再分配效应，通货膨胀使得利润收入阶层受益。 ( )

22. 一个完整的经济周期包括四个阶段：繁荣、衰退、萧条、复苏。 ( )

三、简答题

1. 何谓失业？根据劳动者的主观愿望，失业者分为哪些类型？凯恩斯认为，哪种类型的失业者是“真正意义上的失业”？

2. 根据效率工资理论，如何解释失业原因？

3. 根据劳动工资合同理论，如何解释失业原因？

4. 失业率上升将会对政府部门造成什么影响？为什么？

5. 成本推动型通货膨胀包括哪些类型？

6. 何谓“皮鞋成本”和“菜单成本”？

7. 未被预料到的通货膨胀将会产生哪些“再分配效应”？

8. 菲利普斯曲线与总供给曲线的关系如何？两者之间的转换通过什么定律来实现？

9. 短期菲利普斯曲线与长期菲利普斯曲线的差异是什么？

10. 经济周期分为哪些阶段？

四、计算题

1. 假定某地区的工作年龄阶段人口为400人，目前劳动力人口为300人，就业者人口为270人。该地区的劳动参与率和失业率分别为多少？

2. 假定某地区的劳动年龄阶段人口为5 000人，其中1 000人不在劳动人口范围，200人为失业者。该地区的劳动参与率与失业率分别为多少？

3. 假设经济中的菲利普斯曲线$\pi_t=\pi_{t-1}-0.5(u-0.06)$

（1）该经济的自然失业率是多少？

（2）为使通货膨胀减少 5 个百分点，必须有多少周期性失业？

4. 假定一个经济体系只生产两种产品：咖啡和茶叶。2017 年、2018 年、2019 年的两种产品的价格和产量分别如表 1-5-1 和表 1-5-2 所示。以 2017 年为基准年（单位略）。

（1）2018 年的名义 GDP 是多少？

（2）2018 年的实际 GDP 是多少？

表 1-5-1　两种产品的价格

年份	价格	
	咖啡	茶叶
2017	3	2
2018	3.5	2.5
2019	4	3

表 1-5-2　两种产品的产量

年份	产量	
	咖啡	茶叶
2017	100	120
2018	150	140
2019	200	180

5. 假定一个经济体系只生产两种产品：面包和可乐。2017 年、2018 年、2019 年的两种产品的价格和产量分别如表 1-5-3 和表 1-5-4 所示。以 2017 年为基准年（单位略）。

（1）2018 年的 CPI 是多少？

（2）2018 年的通货膨胀率是多少？

表 1-5-3　两种产品的价格

年份	价格	
	面包	可乐
2017	2.4	1.8
2018	2.6	1.9
2019	2.8	2

表 1-5-4　两种产品的产量

年份	产量	
	面包	可乐
2017	200	150
2018	300	160
2019	400	170

6. 假定一个经济体系只生产两种产品：面包和可乐。2017 年、2018 年、2019 年的两种产品的价格和产量分别如表 1-5-5 和表 1-5-6 所示。以 2017 年为基准年（单位略）。

（1）2018 年的 CPI 是多少？

（2）2019 年的 CPI 是多少？

（3）2019 年的通货膨胀率是多少？

表 1-5-5　两种产品的价格

年份	价格	
	面包	可乐
2017	2.4	1.8
2018	2.6	1.9
2019	2.8	2

表 1-5-6　两种产品的产量

年份	产量	
	面包	可乐
2017	200	150
2018	300	160
2019	400	170

7. 假定一个经济体系只生产两种产品：面包和可乐。2017 年、2018 年、2019 年的两种产品的价格和产量分别如表 1-5-7 和表 1-5-8 所示。以 2017 年为基准年（单位略）。

（1）2018 年的名义 GDP 是多少？

（2）2018 年的实际 GDP 是多少？

（3）2018 年的 GDP 平减指数是多少？

表 1-5-7　两种产品的价格

年份	价格	
	面包	可乐
2017	2.4	1.8
2018	2.6	1.9
2019	2.8	2

表 1-5-8　两种产品的产量

年份	产量	
	面包	可乐
2017	200	150
2018	300	160
2019	400	170

8. 假定一个经济体系只生产两种产品：面包和可乐。2017 年、2018 年、2019 年的两种产品的价格和产量分别如表 1-5-9 和表 1-5-10 所示。以 2018 年为基准年（单位略）。

（1）购买 2018 年产品花费的 2018 年名义费用为多少？

（2）购买 2018 年产品花费的 2019 年名义费用为多少？

（3）2019 年的 CPI 是多少？

表 1-5-9　两种产品的价格

年份	价格	
	面包	可乐
2017	2.4	1.8
2018	2.6	1.9
2019	2.8	2

表 1-5-10　两种产品的产量

年份	产量	
	面包	可乐
2017	200	150
2018	300	160
2019	400	170

9. 假定2018年的CPI为180，2019年的CPI为190。

（1）2019年的通货膨胀率为多少？

（2）如果某人2018年的收入为80 000元，为了使其收入的实际购买力保持不变，2019年的收入应该为多少元？

10. 根据奥肯定律 $\frac{Y-Y_f}{Y_f}=-3\times(u-u^*)$，如果自然失业率为4%，潜在产出为800万亿元。

（1）当实际产出为700万亿元时，实际失业率为多少？

（2）当实际失业率为5%时，实际产出为多少？

五、论述题

1. 根据西方经济学的基本理论，通货膨胀可以分为哪些类型？如何解释通货膨胀的成因？

2. 在通货膨胀时期，哪些人受益？哪些人受损？请结合现实详细分析。

3. 对于全社会、政府、家庭来说，失业将会分别产生哪些负面影响？

4. 根据凯恩斯主义的观点，当经济体系处于“充分就业”状态时，为什么失业率不为零？

5. 根据乘数-加速数原理，如何解释经济周期的形成原因？

第六章
开放条件下的宏观经济学

一、单项选择题

1. 下列关于国际收支的说法中，正确的是（　　）。

A. 它是一个存量

B. 不包含来自国外的捐款

C. 不包含双方属于同一国籍的交易

D. 联合国对非洲国家的援助应计入国际收支

2. 下列关于国际收支平衡表的说法中，不正确的是（　　）。

A. 反映了一国的对外经济关系

B. 分为经常账户、资本与金融账户及差错

C. 进口商品应计入贷方

D. 包含所有贸易和非贸易及资本往来

3. 下列经济行为应该计入中国国际收入平衡表借方的是（　　）。

A. 我国企业出口了一批服装到法国

B. 我国为国际红十字会提供药品和医疗器械

C. 中建集团承建非洲国家铁路项目

D. 中国企业到国外投资建厂

4. 汇率分为（　　）。

A. 名义汇率和实际汇率

B. 本国汇率和外国汇率

C. 国内汇率和国际汇率

D. 名义汇率和金本位汇率

5. 名义汇率的标价法分为（　　）。

A. 直接标价法和应付标价法　　B. 直接标价法和间接标价法

C. 应收标价法和间接标价法　　D. 以上各项都错误

6. 实际汇率为名义汇率乘以国外物价再除以国内物价，此时的名义汇率是（　　）。

A. 应收标价法　　B. 间接标价法

C. 直接标价法　　D. 以上各项都不正确

7. 如果本币兑换外币的数量增加，则（　　）。

A. 本币贬值　　B. 汇率上升

C. 本币升值　　D. 以上各项都不正确

8. 如果一台平板电脑在美国的售价为 400 美元，名义汇率为 1 美元兑 7 元人民币，在购买力平价条件下，该平板电脑在中国的价格为（　　）元。

A. 400　　B. 407　　C. 2 000　　D. 2 800

9. 如果一台电脑在美国的售价为 400 美元，在中国的价格为 3 500 元人民币，名义汇率为 1 美元兑 7 元人民币，那么美元的实际汇率为（　　）。

A. 0.8　　B. 1.25　　C. 8.75　　D. 7

10. 购买力平价成立时，实际汇率（　　）。

A. 等于 1　　B. 大于 1　　C. 小于 1　　D. 大于 0

11. 根据购买力平价，如果一台冰箱在日本的售价为 30 000 日元，在中国的价格是 1 800 元人民币，那么名义汇率是 1 日元兑换（　　）元人民币。

A. 1　　B. 0.6　　C. 0.06　　D. 0.04

12. 影响一国汇率变动的根本原因在于该国的（　　）。

A. 通货膨胀水平　　B. 利率水平

C. 国际收支状况　　D. 经济状况

13. 影响一国汇率变动的直接原因是（　　）。

A. 通货膨胀水平　　B. 利率水平

C. 国际收支状况　　D. 经济状况

14. 其他因素不变，当国外的收入水平提高时，本国的净出口将（　　）。

A. 提高　　B. 降低　　C. 不变　　D. 不确定

15. 下列选项中，会影响一国的净出口的是（　　）。

A. 实际汇率　　B. 外国的贸易政策

C. 外国的收入水平　　D. 以上各项都正确

16. 其他因素不变，如果本币升值，将会使该国净出口（　　）。

A. 提高　　B. 降低　　C. 不变　　D. 不确定

17. 其他因素不变，如果一国出现通货膨胀，则该国的净出口将（　　）。

A. 提高　　B. 降低　　C. 不变　　D. 不确定

18. 其他因素不变，如果一国遭受到严重的经济衰退，则该国的净出口将（　　）。

A. 提高　　B. 降低　　C. 不变　　D. 不确定

19. 如果本国政府提高个人所得税的税率，则该国的净出口将（　　）。

A. 提高　　B. 降低　　C. 不变　　D. 不确定

20. 如果美联储上调其联邦基金利率，则马来西亚的资本净流出将（　　）。

A. 提高　　B. 降低　　C. 不变　　D. 不确定

21. 一国货币贬值对本国净出口的改善存在时间上的滞后，这被称为（　　）。

A. 挤出效应　　B. 乘数效应　　C. J 曲线效应　　D. 汇率效应

22. 下列关于 *BP* 线的说法中，正确的是（　　）。

A. 表示一国贸易平衡时的利率和收入关系的曲线

B. 表示一国宏观经济均衡时的利率和收入关系的曲线

C. 表示一国净出口和资本净流出相等时的利率和收入关系的曲线

D. 表示一国国际收支平衡时的实际汇率和收入关系的曲线

23. 位于 *BP* 线左上方的利率与收入的组合点表示（　　）。

A. 外汇市场供不应求　　B. 国际收支逆差

C. 净出口小于资本净流出　　D. 净出口大于资本净流出

24. 资本净流出对利率变动的敏感程度越小，资本净流出曲线越（　　）。

A. 平缓　　B. 陡峭　　C. 不变　　D. 无法确定

25. 资本净流出对利率变动的敏感程度（σ）取决于国际资本的流动性。当国际上资本能完全流动时，（　　）。

A. $\sigma>0$　　B. $\sigma=0$　　C. $\sigma\to\infty$　　D. $\sigma>1$

26. 资本净流出对利率变动的敏感程度越大，*BP* 曲线越（　　）。

A. 平缓　　B. 陡峭　　C. 不变　　D. 无法确定

27. 如果本国货币贬值，*BP* 曲线将（　　）。

A. 左移　　B. 右移　　C. 不变　　D. 无法确定

28. 在资本能够完全流动的条件下，小国的国内利率取决于世界利率是因为（　　）。

A. 小国自身没有决定权

B. 如果小国国内利率和世界利率不一致，套利行为最终会使其利率一致

C. 小国国内的资金市场不完全

D. 以上各项都不正确

29. 在蒙代尔-弗莱明模型中，使得 IS^* 曲线右移的因素有（　　）。

A. 货币供给增加　　B. 政府增税

C. 外国政府提高关税　　D. 政府转移支付提高

30. 在蒙代尔-弗莱明模型中，LM^* 曲线表示（　　）。

A. 货币市场均衡时的利率与收入的组合点

B. 外汇市场均衡时的汇率与收入的组合点

C. 货币市场均衡时的汇率与收入的组合点

D. 以上各项都不正确

31. 关于蒙代尔-弗莱明模型，下列选项中，错误的是（　　）。

A. 利率是外生变量

B. LM^* 曲线是一条垂直线

C. 产品市场和货币市场同时均衡决定均衡汇率

D. 汇率提高，使 IS^* 曲线左移

32. 在蒙代尔-弗莱明模型中，LM^* 曲线是一条垂直线是因为（　　）。

A. 货币市场不影响外汇市场　　B. 货币供给是外生变量

C. 汇率的设定不影响货币需求　　D. 以上各项都不正确

33. 在蒙代尔-弗莱明模型中，国外实施进口配额制，将使 IS^* 曲线（　　）。

A. 左移　　B. 右移　　C. 不变　　D. 无法确定

34. 在蒙代尔-弗莱明模型中，本国物价水平提高，LM^* 曲线将（　　）。

A. 左移　　B. 右移　　C. 不变　　D. 无法确定

35. 固定汇率制下，政府大规模减税将引起（　　）。

A. 汇率提高　　B. 国民收入提高

C. 净出口增加　　D. 投资增加

36. 固定汇率制下，政府实行扩张性的货币政策将引起（　　）。

A. 消费增加　　B. 国民收入提高

C. 净出口增加　　D. 净出口不变

37. 浮动汇率制下，财政政策失效的原因是（　　）。

A. 货币供给不变　　B. 利率不变

C. 汇率变化抵消了财政政策的效果　　D. 以上各项都不对

38. 如果市场上美元和人民币的汇率（\$1：RMB7）高于美联储规定的固定汇率（\$1：RMB6），那么套利者可以通过（　　）方式获利。

A. 在外汇市场购买人民币之后卖给美联储

B. 向美联储购买美元之后在外汇市场卖出

C. 在外汇市场购买美元之后卖给美联储

D. A 和 B

39. 在蒙代尔-弗莱明模型中，浮动汇率下（　　）。

A. 财政政策有效　　B. 贸易政策有效

C. 货币政策有效　　D. 财政政策和货币政策均有效

40. 下列关于蒙代尔-弗莱明模型的说法中，不正确的是（　　）。

A. 扩张性的财政政策在浮动汇率下对刺激净出口效果显著

B. 扩张性的货币政策在固定汇率下对刺激经济毫无效果

C. 扩张性的货币政策在浮动汇率下对刺激经济效果显著

D. 扩张性的财政政策在固定汇率下对刺激净出口毫无效果

二、判断题

1. 国际收支是一个流量概念。（　　）

2. 国际收支记录的是不同国籍的自然人和法人之间的交易额。（　　）

3. 在美国工作多年的小明寄给其父母的钱不应计入国际收支。（　　）

4. 我国企业出口一批机床到国外，应计入我国国际收支平衡表的贷方。（　　）

5. 我国对受灾国家的援助应计入国际收支平衡表的借方。（　　）

6. 名义汇率是各国货币兑换的比率。（　　）

7. 实际汇率是各国商品和服务的相对价格。（　　）

8. 如果名义汇率是间接标价法，那么实际汇率为名义汇率乘以国外物价再除以国内物价。（　　）

9. 当实际汇率为 1 时，国内商品和服务与国外商品和服务兑换比例为 1∶1。（　　）

10. 实际汇率是影响一国净出口的关键因素。（　　）

11. 一国的净出口不受其他国家货币政策的影响。（　　）

12. 名义汇率在间接标价法下，净出口函数是一条正斜率的曲线。（　　）

13. 本币贬值能够立刻改善一国的贸易收支状况。（　　）

14. *BP* 曲线是使一国国际收支平衡的利率和收入组合点。（　　）

15. 开放经济条件下，一国的净出口和资本净流出总是相等的。（　　）

16. 位于 *BP* 曲线右下方的利率与收入的组合点表示国际收支顺差。（　　）

17. 当资本净流出对利率变动的敏感程度为 0 时，*BP* 曲线为一条水平线。（　　）

18. 开放经济条件下的 IS^* 曲线比在封闭条件下更平缓。（　　）
19. 如果国际资本完全流动，货币市场均衡时的收入水平与名义汇率无关。（　　）
20. 如果货币贬值导致单位货币价值下降，那么 LM^* 曲线向左移动。（　　）
21. 固定汇率制下，降低关税政策将提高均衡国民收入水平。（　　）
22. 固定汇率制下，本国贸易保护对汇率造成下降压力，中央银行将减少货币供给。（　　）
23. 浮动汇率制下，增加货币供给将使均衡收入水平及汇率提高。（　　）
24. 浮动汇率制下，提高关税壁垒将使净出口及汇率下降。（　　）
25. 浮动汇率制下，财政政策和贸易政策均无效。（　　）
26. 浮动汇率制下，一国可以采用扩张性的货币政策改善本国贸易逆差。（　　）
27. 现实经济中，没有一个国家执行完全的固定汇率制或浮动汇率制。（　　）

三、简答题

1. 什么是名义汇率和实际汇率？两者之间存在什么样的关系？

2. 什么是马歇尔-勒纳条件？本币贬值对贸易收支影响的三个阶段分别是什么？

3. 什么是 J 曲线效应？画图分析 J 曲线效应的发生过程。

4. 简述 BP 曲线的三种形状。

5. 在资本完全流动条件下，简述固定汇率制下扩张性货币政策的效应。

6. 在浮动汇率的蒙代尔-弗莱明模型中，政府购买支出增加和央行增加货币供给对国民收入、汇率、消费、投资以及净出口产生什么影响？

7. 在浮动汇率的蒙代尔-弗莱明模型中，如果一个小国政府想要提高本国的净出口，该国可以采用哪些宏观经济政策？

四、计算题

1. 假设一国的储蓄为 $S=100r$，投资函数为 $I=20-100r$。

（1）如果该国是封闭经济体，求利率、储蓄、投资和经常项目的均衡值。

（2）如果这是一个开放经济小国，世界利率为8%，求储蓄、投资和经常项目的值。

2. 假设一小国开放经济，世界利率 $r^*=5$，货币需求为 $L=0.2Y-5r$，货币供给量为 300 亿元，价格水平 $P=2$，消费函数为 $C=100+0.8Y_d$，税收 $T=100$ 亿元，投资 $I=120-2r$ 亿元，政府购买支出 $G=100$ 亿元，净出口函数为 $NX=1\,000-0.6Y-2e$。

（1）求 *IS* 和 *LM* 方程。

（2）求均衡收入、汇率和净出口。

（3）如果该国是浮动汇率制国家，政府购买支出增加到 200 亿元时，求均衡收入、汇率和净出口。

3. 依据上题条件，如果世界利率提高，$r=10$，求均衡总收入、汇率以及净出口。

4. 假设某一小国开放经济，世界利率 $r^*=2$，消费函数为 $C=80+0.8Y_d$，投资函数为 $I=20-5r$，货币需求函数为 $L=0.4Y-10r$，政府购买支出为 $G=20$，税收 $T=0.25Y$，净出口函数为 $NX=500-0.1Y-2e$，名义货币供给量 $M=100$，价格水平为 1，Y_d是可支配国民收入，Y 是国民收入。

（1）均衡国民收入、汇率和净出口各为多少？

（2）如果该国是固定汇率制国家，政府购买支出增加到 40，求央行货币供给量、均衡收入、汇率和净出口。

（3）如果该国是浮动汇率制国家，货币供给量增加到 120，求均衡收入、汇率和净出口。

5. 依据上题条件，假设该国是固定汇率制国家，如果该国想要提高本国净出口水平，实行进口配额政策，使得进口量减少 100。

（1）该国货币供给量、均衡收入、汇率和净出口是多少？

（2）如果该国是浮动汇率制，该国均衡收入、汇率和净出口又是多少？

五、论述题

1. 在蒙代尔-弗莱明框架下，假设某一开放的小国政府通过设置进口配额或征收关税来减少进口。请回答如下问题：

（1）在固定汇率制度下，作图分析上述贸易政策如何影响收入和汇率。

（2）在浮动汇率制度下，作图分析上述政策如何影响收入和汇率。

2. 请利用蒙代尔-弗莱明模型分析世界利率提高对小型开放经济体均衡收入、汇率以及净出口的影响。

3. 20 世纪大萧条时期，世界主要经济体都经历了生产和就业的大幅下降。但不同国家政府采取了不同的政策。法国、德国、意大利等国家维持了金本位制下的固定汇率，丹麦、芬兰、挪威、英国等国家为每单位通货支付的黄金量减少了 50%左右。请利用蒙代尔-弗莱明模型分析这两类国家的不同政策对经济的影响。

4. 如果消费者对未来经济增长缺乏信心，导致消费者和企业减少消费和投资。请利用蒙代尔-弗莱明模型分析在固定汇率和浮动汇率条件下，以上现象对总收入、汇率和净出口产生什么影响?

5. 假设固定汇率制下的小型开放经济的产出水平低于充分就业水平，同时贸易平衡。如果该国政府想通过宏观政策促进本国产出达到充分就业水平，其仍保持贸易平衡，那么政府应该采取什么财政政策和货币政策？

6. 蒙代尔-弗莱明模型是分析开放经济的经典模型。请阐述该模型的假设条件、基本结论以及对我国宏观经济政策制定的启示。

7. 如果某一大国实行保护贸易政策，提高某一小国的进口关税，请利用蒙代尔-弗莱明模型结合图形分析这一政策对该小国的收入、汇率以及净出口的影响。

第七章
宏观经济政策

一、单项选择题

1. 下列关于宏观经济政策目标的说法中，错误的是（　　）。

   A. 宏观经济政策的目标并不总是一致的

   B. 政府能同时实现所有的宏观经济政策的目标

   C. 充分就业和价格水平稳定这两个经济政策目标在一定程度上是相互矛盾的

   D. 国际收支平衡能反映一国经济的稳定程度

2. 中央银行在公开市场上卖出政府债券的目的是（　　）

   A. 收集一笔资金帮助政府弥补财政赤字

   B. 增加商业银行在中央银行的存款

   C. 减少流通中的基础货币以紧缩货币供给

   D. 通过买卖债券获取差价利益

3. 下列关于财政政策的表述中，正确的是（　　）。

   A. 改变货币供应量，实现物价稳定和高就业

   B. 改变政府税收收入和财政支出

   C. 由中央银行来调整价格水平和就业状况

   D. 改善公共部门运行机制

4. 随着经济周期自动波动的政府税收项目统称为（　　）。

   A. 相机抉择的财政政策　　B. 自动稳定器

   C. 转移支付　　D. 自动财政支出

5. 财政制度的自动稳定器一般不包括（　　）。

A. 企业增值税的变化　　B. 个人所得税的变化

C. 个人遗产税的变化　　D. 农产品价格的变化

6. 下列选项中，属于政府支出的是（　　）。

A. 转移支付　　B. 国债利息支出

C. 中央政府给地方政府的补贴　　D. 以上都是

7. 当经济体系处于衰退时期，政府采取的政策措施是（　　）。

A. 减少政府支出，保持税收规模不变

B. 增加政府支出，减少税收

C. 减少政府支出，增加税收

D. 保持政府支出和税收稳定

8.（　　）政策措施将会导致通货膨胀率上升。

A. 增加转移支付　　B. 增加政府购买

C. 减少政府税收　　D. 以上各项都是

9. 扩张性财政政策的目标是（　　）。

A. 减少短期总供给　　B. 减少长期总供给

C. 增加总需求　　D. 以上各项都是

10. 紧缩性的财政政策将会导致（　　）。

A. GDP 增加，价格水平上升　　B. GDP 增加，价格水平下降

C. GDP 减少，价格水平上升　　D. GDP 减少，价格水平下降

11. 税收乘数的绝对值比政府购买乘数（　　）。

A. 更大　　B. 更小

C. 一样大　　C. 不确定

12. 税收乘数比转移支付乘数的绝对值（　　）。

A. 更大　　B. 更小

C. 一样大　　C. 不确定

13. 转移支付乘数的绝对值比政府购买乘数（　　）。

A. 更大　　B. 更小

C. 一样大　　C. 不确定

14. 紧缩性财政政策的政策目标是（　　）。

A. 减少短期总供给　　B. 减少长期总供给

C. 减少总需求　　D. 以上各项都是

15. 财政政策（　　）。

A. 涉及政府支出和税收水平

B. 包括创造工作岗位计划

C. 包括最低工资安排，所有工人至少可以得到一个公平的工资

D. 包括失业保险计划

16. 当边际消费倾向上升时，乘数效应将会（　　）。

A. 变大　　B. 变小

C. 不变　　D. 不确定

17. 根据挤出效应，如果政府支出增加，将会导致（　　）。

A. 均衡利率增加，私人消费增加　　B. 均衡利率增加，私人消费减少

B. 均衡利率减少，私人消费减少　　D. 均衡利率减少，私人消费增加

18. 根据挤出效应，如果政府支出增加，将会导致（　　）。

A. 货币需求增加，私人消费增加　　B. 货币需求增加，私人消费减少

B. 货币需求减少，私人消费减少　　D. 货币需求减少，私人消费增加

19. 在经济衰退时期，政府预算赤字将会（　　）。

A. 增加　　B. 减少

C. 不变　　D. 不确定

20. 在经济繁荣时期，政府预算赤字将会（　　）。

A. 增加　　B. 减少　　C. 不变　　D. 不确定

21. 基础货币包括商业银行在中央银行的存款准备金与（　　）。

A. 商业银行的超额准备金　　B. 商业银行的库存现金

C. 流通于银行体系之外的现金　　D. 商业银行吸收的活期存款

22. 商业银行准备金是指（　　）。

A. 银行的拨备

B. 发行在外的现金加上商业银行在中央银行的存款

C. 公众手持现金加上商业银行在中央银行的存款

D. 商业银行的库存现金加上商业银行在中央银行的存款

23. 在经济过热时期，中央银行采取的公开市场业务措施应该是（　　）。

A. 减少政府购买　　B. 买入政府债券，使得货币回笼

C. 降低税收　　D. 出售政府债券，使得货币回笼

24. 下列选项中，属于货币政策的是（　　）。

A. 规范商业行为　　B. 控制政府支出和税收

C. 调整货币供给和利率　　D. 以上各项都不是

25. 市场利率上升时，人们持有货币的成本将会（　　）。

A. 变大　　B. 变小　　C. 不变　　D. 不确定

26. 通货膨胀率下降时，人们持有货币的成本将会（　　）。

A. 变大　　B. 变小

C. 不变　　D. 不确定

27. 下列货币政策工具中，能够对货币供给量进行微调的是（　　）。

A. 公开市场操作　　B. 再贴现

C. 法定准备金　　D. 消费信用控制

28. 作用力度最大的货币政策工具是（　　）。

A. 再贴现率　　B. 法定存款准备金率

C. 再贷款　　D. 公开市场业务

29. 当政府债券利率降低时，将会出现（　　）。

A. 人们持有货币的机会成本降低，货币需求量降低

B. 人们持有货币的机会成本增加，货币需求量增加

C. 人们持有货币的机会成本降低，货币需求量增加

D. 人们持有货币的机会成本增加，货币需求量降低

30. 如果中央银行向公众卖出国债，将会出现（　　）。

A. *IS* 曲线向右移动，均衡利率变大

B. *LM* 曲线向右移动，均衡利率变小

C. *LM* 曲线向左移动，均衡利率变大

D. *IS* 曲线向左移动，均衡利率变小

31. 如果中央银行从公众手中买进国债，将会出现（　　）。

A. *IS* 曲线向右移动，均衡利率变大

B. *LM* 曲线向右移动，均衡利率变小

C. *LM* 曲线向左移动，均衡利率变大

D. *IS* 曲线向左移动，均衡利率变小

32. 银行利率上升时，企业债券价格将会（　　）。

A. 上升　　B. 下降

B. 不变　　D. 不确定

33. 扩张性货币政策的目标是（　　）。

A. 减少短期总供给　　B. 减少长期总供给

C. 增加总需求　　D. 以上各项都是

34. （　　）经济指标受到货币政策影响。

A. 长期实际 GDP　　B. 长期通货膨胀率

C. A 和 B　　D. 以上各项都不是

35. （　　）的财政政策将会导致实际 GDP 增加。

A. 增加政府支出　　B. 提高个人收入所得税

C. 增加货币供给　　D. 提高社会保障税

36. 下列选项中，中央银行应该停止执行紧缩性货币政策的情况是（　　）。

A. 物价水平急剧上涨　　B. 经济出现衰退迹象

C. 经济出现过热迹象　　D. 劳动力出现严重短缺

37. （　　）的政策措施属于自动稳定器。

A. 失业福利计划　　B. 政府提高税率以降低通货膨胀

C. 政府增加支出以对抗衰退　　D. 以上各项都是

38. 下列选项中，不属于财政政策自动稳定器的是（　　）。

A. 市场浮动利率　　B. 所得税制度

C. 政府转移支付制度　　D. 农产品维持制度

39. 政府为增加总需求而降低税率，这项政策措施属于（　　）。

A. 自动稳定器　　B. 相机抉择的货币政策

C. 斟酌使用的财政政策　　D. 反周期政策

40. 根据供给学派的观点，减税政策将会导致的结果是（　　）。

A. 影响总需求　　B. 影响总供给

C. 影响总需求和总供给　　D. 不影响总供给和总需求

41. 税率降低将会导致（　　）。

A. 更高的价格和更低的实际 GDP　　B. 更低的价格和更低的实际 GDP

C. 更低的价格和更高的实际 GDP　　D. 更高的价格和更高的实际 GDP

42. 下列选项中，不属于货币政策目标的是（　　）。

A. 物价稳定　　B. 高就业

C. 经济增长　　D. 低利率

43. 如果利率下降，将会出现的现象是（　　）。

A. 货币需求曲线向左移动

B. 货币需求曲线向右移动

C. 经济状态沿着货币需求曲线向左移动

D. 经济状态沿着货币需求曲线向右移动

44. 如果利率上升，将会出现的现象是（　　）。

A. 货币需求曲线向左移动

B. 货币需求曲线向右移动

C. 经济状态沿着货币需求曲线向左移动

D. 经济状态沿着货币需求曲线向右移动

45. 如果某个家庭以 900 元购买了某项资产，1 年后的资产价值变为 1 000 元，请问这项资产的收益率为（　　）。

A. 11%　　B. 10%

C. 6.5%　　D. 5%

46. 如果中央银行减少货币供给，那么将会出现（　　）的情况。

A. 人们将会买入金融资产，金融资产价格上升

B. 人们将会卖出金融资产，金融资产价格上升

C. 人们将会买入金融资产，金融资产价格下降

D. 人们将会卖出金融资产，金融资产价格下降

47. 下列选项中，将会使得货币需求曲线向右移动的是（　　）。

A. 利率上升　　B. 实际 GDP 增加

B. 利率下降　　D. 货币供给增加

48. 随着债券利率下降，相对于债券投资，股票投资的需求和价格将会（　　）。

A. 股票投资的需求变大，股票价格上升

B. 股票投资的需求变大，股票价格下降

C. 股票投资的需求变小，股票价格上升

D. 股票投资的需求变小，股票价格下降

49. 如果中央银行降低再贴现率，将会导致（　　）。

A. 货币需求曲线向右移动，使得利率下降

B. 货币供给曲线向右移动，使得利率上升

C. 货币需求曲线向左移动，使得利率上升

D. 货币供给曲线向右移动，使得利率下降

50. “公开市场业务”的具体含义是（　　）。

A. 商业银行对商业企业的贷款

B. 中央银行对商业银行的贷款

C. 商业银行贷款总量变化引起的利率变动

D. 中央银行买进或卖出国债

51.（　　）货币政策工具属于“谨慎使用的货币政策工具”。

A. 法定准备金率　　B. 公开市场业务

C. 再贴现率　　D. 道义劝说

52.（　　）货币政策工具属于“日常使用的货币政策工具”。

A. 法定准备金率　　B. 公开市场业务

C. 再贴现率　　D. 道义劝说

53.（　　）货币政策工具属于“补充的货币政策工具”。

A. 法定准备金率　　B. 公开市场业务

C. 再贴现率　　D. 道义劝说

54. 如果中央银行降低法定准备金率，那么将会引起“货币创造机制”的影响（　　）。

A. 变大　　B. 变小　　C. 不变　　D. 不确定

55. 如果政府增加失业保障支出，将会引起（　　）。

A. 增加人们手中持有的货币数量　　B. 减少人们手中持有的货币数量

C. 社会总产出增加　　D. 社会总产出减少

56. 当经济体系处于过度繁荣时期，政府将会采取的政策措施是（　　）。

A. 减少政府支出，保持税收规模不变

B. 增加政府支出，减少税收

C. 减少政府支出，增加税收

D. 保持政府支出和税收稳定

57. 如果中央银行降低法定准备金率，那么货币乘数将会（　　）。

A. 变大　　B. 变小　　C. 不变　　D. 不确定

58. 在经济衰退时期，如果政府不加干预的话，（　　）。

A. 税收减少，政府支出减少　　B. 税收减少，政府支出增加

C. 税收增加，政府支出减少　　D. 税收增加，政府支出增加

59. 如果政府年度预算扩大政府支出的部分，那么它的意图在于（　　）。

A. 扩大内需，增加国民收入，抑制失业率的上升

B. 减少政府财政赤字

C. 政府必然会通过增加税收来平衡预算

D. 抑制通货膨胀

60. 如果通货膨胀过快，则应采取的财政政策是（　　）。

A. 增加税收　　B. 减少税收

C. 增加政府支付　　D. 增加转移支付

61. 经济中存在失业时，应采用的财政政策工具是（　　）。

A. 增加政府支出　　B. 提高个人所得税

C. 提高公司所得税　　D. 增加货币发行量

62. 下列选项中，属于紧缩性货币政策措施的是（　　）。

A. 提高税率　　B. 增加财政支出

C. 金融市场上大量购买国债　　D. 金融市场上大量抛售国债

63. 根据凯恩斯主义的 *IS–LM* 模型，当经济处于流动性陷阱时期，为刺激经济应该采取的政策是（　　）。

A. 增加财政支出的扩张性财政政策　　B. 增加财政税收的紧缩性财政政策

C. 增加货币供给的扩张性货币政策　　D. 提高贴现率的紧缩性货币政策

64. 当经济中存在滞胀时，应采取的合理的政策措施是（　　）。

A. 减少税收　　B. 减少货币供给

C. 增加转移支付　　D. 同时采取 A、B 措施

65. 政府的财政收入政策通过（　　）对国民收入产生影响。

A. 政府转移支付　　B. 政府购买

C. 消费支出　　D. 出口

66. 假定政府没有实行财政政策，国民收入水平的提高可能导致（　　）。

A. 政府支出增加　　B. 政府税收增加

C. 政府税收减少　　D. 政府财政赤字增加

67. 扩张性财政政策对经济的影响是（　　）。

A. 缓和了经济萧条但增加了政府债务

B. 缓和了经济萧条也减轻了政府债务

C. 加剧了通货膨胀但减轻了政府债务

D. 缓和了通货膨胀但增加了政府债务

68. 商业银行之所以会有超额储备，是因为（　　）。

A. 吸收的存款太多　　B. 未找到那么多合适的贷款对象

C. 向中央银行申请的贴现太多　　D. 以上几种情况都有可能

69. 市场利率提高，银行的准备金会（　　）。

A. 增加　　B. 减少

C. 不变　　D. 以上几种情况都可能

70. 假设货币供给量为 1 200 亿元，银行存款为 800 亿元，存款准备金率为 10%。如果央行在公开市场卖出 40 亿元的债券，则货币供应量减少（　　）亿元。

A. 878　　B. 100　　C. 124　　D. 400

71. 在 *IS*–*LM* 框架下，中国人民银行发行中央银行票据会导致（　　）。

A. 均衡利率下降，均衡产出下降　　B. 均衡利率下降，均衡产出上升

C. 均衡利率上升，均衡产出下降　　D. 均衡利率上升，均衡产出上升

72. 当中央银行在公开市场上购买政府债券，（　　）。

A. 政府债券的市场收益率会降低

B. 公司债券的市场收益率会降低

C. 政府债券的收益率降低，公司债券的收益率提高

D. A 和 B 都对

二、判断题

1. 当公众从中央银行手中购买政府证券时，货币供给增加。（　　）

2. 家庭与企业在商业银行和其他金融机构提供的活期存款是货币供给 M1 的组成部分。（　　）

3. 由银行持有的通货和硬币是货币供给 M1 的组成部分。（　　）

4. 当商业银行收回已发放的贷款时，货币供给增加。（　　）

5. 当 *LM* 曲线平坦、*IS* 曲线垂直时，增加货币供给不会影响均衡收入。（　　）

6. 宽松的财政政策的内涵是货币供给的增加。（　　）

7. 紧缩的财政政策可能使 GDP 减少，也可能使 GDP 不变。（　　）

8. 财政政策属于需求管理，货币政策属于供给管理。（　　）

9. 充分就业和物价稳定是一致的，两个目标一定可以同时实现。（　　）

10. 当充分就业预算盈余时实际预算可能存在赤字。（　　）

11. 紧的财政政策的内涵是货币供给的增加。（　　）

12. 货币供给量会随中央银行再贴现率的下降而上升。（　　）

13. 当利率一直很低时，通常会有较大的赤字出现。（　　）

14. 增加政府支出，将会引起总需求曲线向左移动。（　　）

15. 税收乘数是正值。（　　）

16. 如果中央政府出现财政赤字，财政部将会通过出售国债向公众借贷。（　　）

17. 降低个人所得税税率将会使总供给曲线向右移动。（　　）

18. 当债券价格下降时，债券利率也会下降。（　　）

19. 物价水平上升将会使得货币需求曲线向右移动，从而导致利率下降。（　　）

20. 利率上升将会导致投资增加。（　　）

21. 扩张性货币政策将会导致实际 GDP 增加，而物价水平上升。（　　）

22. 紧缩性货币政策将会导致实际 GDP 减少，而物价水平上升。（　）

23. 如果中央政府降低税率，将会导致实际 GDP 增加，而物价水平下降。（　）

24. 扩张性财政政策会增加预算赤字或减少预算盈余，紧缩性财政政策会增加预算盈余或减少预算赤字。因此，我们可以根据预算盈余或预算赤字的变化来判断财政政策的方向。（　）

25. 一位银行家问："我的银行账面始终是平衡的。我仅仅把存款人带给我的储蓄存款转交给投资者。谁说银行家能够创造货币？"他的话是正确的。（　）

26. 紧缩的货币政策将会使利率提高，对利率敏感的私人部门支出减少，于是"挤出效应"出现了。（　）

27. "货币幻觉"的存在隐含了这样一种可能：假如不存在其他限制，政府通过制造通货膨胀起码在短期内会增加产出和就业。（　）

28. 企业对利率变动反应越敏感，财政政策效果就越小。（　）

29. 平衡预算财政思想主张政府为了实现充分就业和消除通货膨胀，需要赤字就赤字，需要盈余就盈余。（　）

30. 凯恩斯学派认为，要对付经济萧条，宏观财政政策比宏观货币政策更有效。（　）

31. 中央银行进行 100 万元政府债券公开市场购买。如果法定准备金率是 10%，这会引起增加的货币供给量至多为 1 000 万元。（　）

32. 银行贷出超额准备金创造了货币。（　）

33. 中央银行在公开市场上卖出政府的债券是试图减少流通中基础货币以提高利率。（　）

34. 相机抉择的货币政策会带来一个较高的通货膨胀率和较高的经济增长率。（　）

35. 在 *LM* 曲线不变的情况下，*IS* 曲线越平坦，财政政策的效果越差。（　）

36. 存在货币需求的流动性陷阱现象时，财政政策的挤出效应最小。（　）

37. 如果投资对利率的弹性很小，而货币需求对利率富有弹性，那么财政政策效果要比货币政策效果好。（　）

38. *IS* 曲线斜率不变时，*LM* 曲线越陡峭，财政政策效果越好。（　）

39. 在货币需求完全取决于收入的古典情形下，财政政策的乘数为 0。（　）

三、简答题

1. 政府的自动稳定器政策包括哪些内容？

2. 请阐释“公债原理”的基本内容。

3. 影响财政政策效力的因素有哪些？

4. 根据凯恩斯主义的观点，请阐述发行公债的合理性。

5. 简述“货币创造机制”的基本含义。

6. 如何采用公开市场业务的货币政策工具，以改变社会公众手中的货币数量？

7. 简述挤出效应的含义。

8. 请简述中央银行如何调整法定准备金率，以改变公众手中的货币数量。

9. 请简述“三大货币政策工具”的内容。

10. 简述货币政策影响社会总产出的作用机制。

四、计算题

1. 在其他因素不变的条件下，如果政府购买增加 50 亿元，将会引起均衡产出增加 120 亿元。

（1）政府购买乘数是多少？

（2）此时的边际消费倾向是多少？

2. 如果边际消费倾向为 0.6，在其他因素不变的条件下：

（1）税收乘数是多少？

（2）政府税收必须改变多少，才能使均衡产出增加 50 亿元？

3. 在某国经济体系中，1 份政府债券的到期价格为 120 元，1 年后到期，当前债券价格为 115 元。

（1）政府债券的 1 年期利率为多少？

（2）如果当前债券价格为 110 元，则该政府债券的利率为多少？

4. 如果法定准备金率 $r = 0.2$，现金存款比率 $r_C = \frac{现金}{存款} = 0.3$，货币创造乘数 $mm = \frac{1 + r_C}{r + r_C}$。

（1）货币创造乘数为多少？

（2）如果增加基础货币 50 亿元，那么货币供给总量将会增加多少？

5. 如果边际消费倾向 $b = 0.75$，税率 $t = 0.2$，在采取比例税制的条件下：

（1）政府购买乘数为多少？

（2）在其他因素不变的条件下，如果政府购买增加 50 亿元，那么均衡产出将会增加多少？

6. 如果边际消费倾向 $b = \frac{1}{3}$，税率 $t = 0.4$，在采取比例税制的条件下：

（1）政府购买乘数为多少？

（2）在其他因素不变的条件下，如果要使均衡产出增加 50 亿元，那么政府购买应当增加多少？

7. 如果边际消费倾向 $b = 0.75$，在采取总量税的条件下：

（1）政府购买乘数为多少？

（2）转移支付乘数为多少？

（3）税收乘数为多少？

8. 如果边际消费倾向 $b = 0.75$，税率 $t = 0.2$，在采取比例税制的条件下：

（1）政府购买乘数为多少？

（2）转移支付乘数为多少？

9. 根据凯恩斯主义的观点，假定货币数量的交易性需求函数为 $k(y) = 2 + 0.4y$，货币数量的投机性需求函数为 $h(r) = 20 - 0.2r$，实际货币供给量为50亿元。

（1）求解 *LM* 曲线方程。

（2）如果 *IS* 曲线方程为 $y = 1\ 200 - 2.5r$，那么当产品市场和货币市场同时实现均衡时，均衡产出为多少？

10. 假定家庭消费函数为 $c=90+0.8y$，企业投资函数为 $I=100-5r$，政府购买 $G=60$，货币需求函数为 $L=0.4y$，实际货币供给量为150亿元。

（1）求解 IS 曲线方程。

（2）当产品市场和货币市场同时实现均衡时，均衡产出和均衡利率为多少？

五、论述题

1. 前些年，中央政府曾经采取“四万亿元财政政策”，请运用相关理论阐释这种政策措施的基本机理和政策效果。

2. 中央银行如何调整法定准备金率来改变社会流通的货币数量，请结合其他货币政策工具特点，探讨法定准备金率的优点和缺点。

3. 如果中央政府推出一项政策，积极促进技术水平提高，那么将会导致社会均衡产出如何变动？请运用相关理论阐释这项政策的基本机理和政策效果。

4. 如果中央银行向公众回购大量国债，请运用相关理论阐释这项政策措施的基本机理和政策效果。

5. 如果中央政府增加政府支出，就会引起社会总需求增加。请运用 *AD*-*AS* 模型分析这项政策措施的基本机理和政策效果。

第八章

经济增长

一、单项选择题

1. 宏观经济学关注的长期经济问题是（　　）。

A. 通货膨胀　　B. 失业　　C. 经济波动　　D. 经济增长

2. 一个落后国家要追赶上发达国家的条件是该国有（　　）。

A. 更高的经济增长率　　B. 更稳定的社会环境

C. 更多的财政投入　　D. 更多的货币供给

3. 某经济体2018年的GDP为5万亿元，2020年经价格平减后的GDP为5.202万亿元，则该经济体GDP的年均增长率为（　　）。

A. 2.02%　　B. 2%　　C. 4.04%　　D. 4%

4. 某经济体2018年的GDP为4万亿元，2018—2020年GDP的年均增长率为10%，该经济体2020年的GDP为（　　）万亿元。

A. 4.4　　B. 4.8　　C. 4.84　　D. 4.86

5. 近200年来，世界各国经济增长的典型事实有（　　）。

A. 国家间的收入差距不断缩小

B. 各国经济增长率不断提高

C. 各国的人口增长率与人均收入水平无关

D. 各国的投资率与人均收入水平正相关

6. 下列选项中，不是经济增长的基本问题的是（　　）。

A. 为什么存在全球经济水平的不平衡

B. 什么是经济增长的源泉

C. 为什么一些国家和地区出现增长奇迹

D. 为什么一些国家或地区存在恶性通货膨胀

7. 下列选项中，对经济增长和经济发展关系表述正确的是（　　）。

A. 经济发展就是经济增长　　B. 经济发展包含经济增长

C. 经济增长包含经济发展　　D. 经济增长包含质的经济发展

8. 下列选项中，不属于经济增长的直接原因的是（　　）。

A. 市场化程度　　B. 劳动投入数量

C. 技术进步　　D. 资本积累

9. 下列选项中，不影响长期经济增长率的是（　　）。

A. 计划生育政策的制定和实施　　B. 货币供应量的增加

C. 基础研究领域投入的增加　　D. 外国先进技术的引进

10. 新古典生产函数的基本特征是（　　）。

A. 规模报酬递增　　B. 要素边际产出递增

C. 要素边际产出递减　　D. 规模报酬递减

11. 下列选项中，关于资本边际产出的说法错误的是（　　）。

A. $MPK = f(k+1) - f(k)$　　B. K 越小，MPK 越大

C. 生产函数 $f(k)$ 的斜率是 MPK　　D. MPK 随着劳动人数的增大而减小

12. 资本存量的变化等于（　　）。

A. 投资加上折旧　　B. 投资减去折旧

C. 投资乘以折旧　　D. 投资除以折旧

13. 如果资本的平均寿命为 20 年，那么折旧率为（　　）。

A. 10%　　B. 2%　　C. 5%　　D. 20%

14. 在没有技术进步的情况下，$(n+\delta)k$ 称为（　　）。

A. 必要投资　　B. 临界投资　　C. 持平投资　　D. 以上各项都正确

15. 人均资本存量的变化受到储蓄率（s）、人口增长率（n）以及折旧率（δ）的影响，下列说法中，错误的是（　　）。

A. s 提高有利于人均资本存量的提高

B. δ 提高不利于人均资本存量的提高

C. n 提高不利于人均资本存量的提高

D. s 提高不利于人均资本存量的提高

16. 下列关于资本深化表达式的说法中，正确的是（　　）。

A. 资本深化 = 人均产出 - 资本广化　　B. 资本深化 = 人均投资 - 资本广化

C. 资本深化 = 人均产出 - 人均投资　　D. 资本深化 = 人均产出 - 人均消费

17. 下列选项中，属于资本深化的情况是（　　）。

A. 人口增长 5%，资本存量增加 10%

B. 人口增长 5%，资本存量增加 5%

C. 人口增加 5%，资本存量增加 4%

D. 人口没有增长，资本存量也没有增加

18. 在没有技术进步的情况下，经济处于稳态的条件是（　　）。

A. $sf(k)=(n+\delta)k$　　B. $f(k)=(n+\delta)k$

C. $(1-s)f(k)=(n+\delta)k$　　D. $sf(k)=nk$

19. 假设一个经济体的生产技术为柯布一道格拉斯生产函数，其中劳动与资本所得各占总收入的 1/2，并且 $A=1$。如果劳动力增长率 $n=0.06$，折旧率 $d=0.04$，储蓄率 $s=0.2$，那么在稳态下，资本一劳动比率为（　　）。

A. 0.5　　B. 1　　C. 2　　D. 4

20. 在没有技术进步的情况下，当经济处于稳态时，下列选项中，正确的是（　　）。

A. 人均资本存量将不断提高　　B. 人均产出的增长率为 0

C. 总产出的增长率为 0　　D. 总资本存量的增长率为 0

21. 假设一国经济处于稳态，如果该国的储蓄率提高，则（　　）。

A. 该国人均资本存量将持续提高　　B. 该国人均产出将持续提高

C. 该国人均产出短期提高　　D. 该国人均消费水平将持续提高

22. 假设一国经济处于稳态，如果该国的储蓄率提高，下列选项中，正确的是（　　）。

A. 该国经济最终将达到新的稳态

B. 经济处于新的稳态时人均产出的增长率提高

C. 经济处于新的稳态时总产出的增长率提高

D. 储蓄率的改变存在增长效应

23. 中国的储蓄率一直以来都非常高，同时储蓄率这个因素对经济是有很大影响的。按照新古典经济增长理论，短期内我国由于高储蓄率而达到新的稳态时，最可能导致（　　）。

A. 人均产量将以更快的速度增长　　B. 人均产量将比原来高

C. 人均产量将与原来相同　　D. 以上都正确

24. 当一国经济中人均生产函数的资本边际产出大于“黄金律”水平时，降低储蓄率将（　　）人们的生活水平。

A. 提高　　B. 降低

C. 不会改变　　D. 以上情况都有可能

25. 根据索洛模型，若一国储蓄率当前高于“黄金律”水平，为了达到“黄金律”水平的储蓄率，会发生的变化有（　　）。

A. 人均产出和人均消费都减少　　B. 人均产出增加、人均消费减少

C. 人均产出减少、人均消费增加　　D. 人均产出和人均消费都增加

26. 人口增长率 n 的提高，将会（　　）。

A. 提高人均资本的稳态水平　　B. 提高人均产出的稳态水平

C. 降低人均资本的稳态水平　　D. 对人均产出的稳态水平没有影响

27. 在新古典增长模型中，当人均资本的边际产出等于（　　）时，人均消费将达到极大。

A. $sy/(n+\delta)$　　B. $sy-(n+\delta)$

C. $s-(n+\delta)$　　D. $n+\delta$

28. 根据新古典经济增长模型，人口增长率的上升（　　）。

A. 导致人均资本的稳态水准的提高　　B. 导致人均资本的稳态水准的降低

C. 不影响人均资本的稳态水准　　D. 导致资本折旧率降低

29. 条件收敛的概念表明，人口增长和技术进步相同的国家将达到稳态均衡，而且拥有（　　）。

A. 不同的产出水平但同样的增长率，如果它们的储蓄率不同

B. 不同的产出水平和增长率，如果它们的储蓄率不同

C. 相同的产出水平和增长率，即使它们的储蓄率不同

D. 相同的产出水平但不同的增长率，如果它们的储蓄率不同

30. 根据新古典增长模型，两个国家的储蓄率和人口增长率相同，但其初始人均资本不同，则长期来看，（　　）。

A. 两个国家人均资本的差异将持续存在

B. 两个国家将收敛于不同的稳态

C. 初始人均资本较低的国家将有较低的经济增长率

D. 两国人均资本差异将最终消失

31. 根据索洛模型，某国人口增长率的增加，从长期来看可能会（　　）。

A. 增加该国的实际利率　　B. 提高该国人民的生活水平

C. 增加该国的储蓄率　　D. 促进该国的技术进步

32. 根据索洛模型，经过一段长的时期后，某国的实际利率有所降低，那么可以推测（　　）。

A. 该国的长期通货膨胀率有所降低

B. 该国的长期货币供应量有所降低

C. 如果该国的折旧率保持稳定的话，则该国的人口增长率必然有所降低

D. 以上说法都不对

33. 在包含技术进步的新古典增长模型中，生产函数的形式为（　　）。

A. $Y = F(N,K)$　　B. $Y = F(AN,K)$

C. $Y = F(N,AK)$　　D. $Y = AF(N,K)$

34. 在图形中，如果纵轴表示人（劳动力）均产出或收入 $y=YL$，横轴表示人均资本 $k=KL$，$y=f(k)$ 表示人均产出函数，n 表示人口增长（劳动力增长），s 表示人均储蓄率。那么，生产函数 $y=f(k)$ 表示（　　）。

A. 每人产出是劳动力数量的函数　　B. 每人产出是人均资本量的函数

C. 每人产出是人均储蓄率的函数　　D. 生产函数是规模报酬递增的

35. 在包含技术进步的新古典增长模型中，人均有效资本的变动为（　　）。

A. $sf(k)-(n+\delta)k$　　B. $sf(k)+(n+\delta)k$

C. $sf(k)-(n+\delta+g)k$　　D. $sf(k)-(n+\delta-g)k$

36. 在新古典增长模型中，均衡点是指（　　）。

A. 实际增长率等于有保证的增长率

B. 实际增长率等于自然增长率

C. 有保证的增长率等于自然增长率

D. 整个社会的积累正好用于装备新增加的人口

37. 具有技术进步的新古典增长模型中，稳态时人均产出的增长率为（　　）。

A. 0　　B. 人口增长率

C. 人口增长率与技术进步率之和　　D. 技术进步率

38. 具有技术进步的新古典增长模型中，稳态时总产出的增长率为（　　）。

A. 0　　B. 人口增长率

C. 人口增长率与技术进步率之和　　D. 技术进步率

39. 根据新古典经济增长模型，下列选项中，会导致稳态水平的人均资本降低的是（　　）。

A. 折旧率的下降　　B. 人口增长率的上升

C. 技术进步率的下降　　D. 人口增长率的下降

40. 根据新古典经济增长理论，在其他条件不变的情况下，储蓄率的增加，不会改变的量是（　　）。

A. 均衡人均资本存量　　B. 均衡人均消费量

C. 均衡人均产出量　　D. 均衡经济增长率

41. 在经济增长模型中，衡量技术进步最常用的度量标准是（　　）。

A. 劳动利用程度　　B. 资本利用程度

C. 索洛剩余　　D. 劳动生产率

42. 在索洛增长模型中，关于“黄金率”的阐述不正确的是（　　）。

A. 当经济增长处于“黄金率”的稳定状态水平时，人均消费最高

B. 当经济增长收敛到稳态时，可达到“黄金率”水平

C. 当稳态的人均资本存量过高，降低一定的储蓄率可以达到“黄金率”水平

D. 当稳态的人均资本存量过低，提高一定的储蓄率可以达到“黄金率”水平

43. 在索洛经济增长模型中，资本“黄金率”是指（　　）。

A. 稳态总产出增长率等于人口增长率与资本折旧率之和

B. 储蓄率等于人口增长率

C. 储蓄率保证稳态人均收入最大化

D. 稳态的人均资本存量对应消费最大化

44. 根据新古典增长模型，一国经济水平的持续提高取决于（　　）。

A. 技术进步　　B. 投资率

C. 人口增长率　　D. 初始人均资本水平

45. 下列选项中，属于新古典经济增长模型所包含的内容的是（　　）。

A. 均衡的增长率取决于有效需求的大小

B. 实现充分就业的均衡增长，要使产出增长率等于人口增长率

C. 通过调整收入分配，降低储蓄率，可以实现充分就业的均衡增长

D. 从长期看，由于市场的作用，经济总会趋向于充分就业的均衡增长

46. 根据技术进步索洛模型，技术水平一次性上升，经济体再次处于长期稳态时，（　　）。

A. 人均资本存量增加，人均资本增长率上升

B. 人均资本存量减少，人均资本增长率不变

C. 人均资本存量增加，人均资本增长率不变

D. 人均资本存量不变，人均资本增长率上升

47. 依据包含技术进步的新古典增长模型，如果两国储蓄率不同，但其他因素都相同，则处于稳态时，两国人均产出差距将（　　）。

A. 缩小　　B. 不变　　C. 扩大　　D. 无法确定

48. 新古典增长模型又称为外生经济增长模型，是因为（　　）。

A. 储蓄率外生　　B. 人口增长率外生

C. 折旧率外生　　D. 技术进步率外生

49. 内生经济增长模型和新古典增长模型的区别在于（　　）。

A. 资本包含的内容更广　　B. 资本边际产出非递减

C. 技术进步内生化　　D. 以上各项都正确

50. 内生经济增长理论与索洛模型最本质的区别在于，内生经济增长理论（　　）。

A. 肯定了技术变革对经济增长的作用

B. 抛弃了索洛模型外生技术变革的假设

C. 将研究与开发作为外生技术变革的主要原因

D. 以上表述都不正确

51. 生产函数 $Y=AK$ 具有的特性是（　　）。

A. 资本的边际产出为常数　　B. 产出增长率等于资本增长率

C. A 是全要素生产率　　D. 以上各项都正确

52. 在 AK 模型中，如果两个国家储蓄率不同，但其他因素都相同，则两国的经济差距将（　　）。

A. 缩小　　B. 不变　　C. 扩大　　D. 无法确定

53. 在 AK 模型中，下列选项中，正确的是（　　）。

A. 资本的边际产出递增　　B. 储蓄率的提高会引起长期的经济增长

C. 技术进步是内生的　　D. 资本指厂房、设备等物质资本

54. 经济学家丹尼森将经济增长的因素分为（　　）。

A. 资本投入和劳动投入　　B. 土地投入和劳动投入

C. 生产要素投入量和生产要素生产率　D. 资本投入和土地投入

55. 索洛余值是对（　　）的衡量。

A. 全要素生产率　　B. 资本投入

C. 劳动投入　　D. 土地投入

56. 经济增长的标志是（　　）。

A. 失业率的下降　　B. 社会生产能力的不断提高

C. 先进技术的广泛应用　　D. 城市化速度的加快

57. 下列选项中，提高增长率的最好方法是（　　）。

A. 发现新的自然资源供给　　B. 发展新技术

C. 提高人口增长率　　D. 降低人口增长率

58. 索洛余值取决于（　　）。

A. 资源配置效率　B. 规模经济　　C. 技术进步　　D. 以上各项都正确

59. 在 20 世纪 80 年代后期的新增长理论中，技术进步是（　　）。

A. 增长的余量　　B. 外生变量

C. 内生变量　　D. 引起经济增长的最重要因素

60. 经济增长的源泉为（　　）。

A. 劳动与资本　B. 技术进步　C. A与B　D. 以上都不是

61. 假设某国在一定时期内的劳动产出弹性和资本产出弹性分别为0.4和0.6，劳动力和资本的年增长率分别为2%和5%。如果该国在这一时期GDP的增速为6%，则全要素生产率的增长率为（　　）。

A. 0.8%　B. 3%　C. 2.2%　D. 2%

62. 假设一个经济体当期收入为y，生产函数规模报酬不变，劳动所得占总收入份额为0.7，资本所得占总收入份额为0.3。如果劳动力增长速度为4%，资本增长率为3%。如果没有技术进步，该经济体需要（　　）年才能将总收入提高到$2y$。

A. 10　B. 19　C. 23　D. 33

63. 依据经济增长理论，一国政府可以采取（　　）政策来促进本国经济增长。

A. 降低利息税　B. 建立专利法

C. 提供较好的教育和培训体系　D. 以上各项都正确

64. “发展”包含的三个基本要素是（　　）。

A. 生存、自尊、自由　B. 生存、民主、自由

C. 民主、自由、科学　D. 生存、自尊、独立

65. 下列选项中，不属于发展中国家经济特征的是（　　）。

A. 贫困　B. 医疗支出高　C. 失业率高　D. 人口出生率高

66. “亚洲四小龙”实现快速经济增长的发展战略是（　　）。

A. 进口替代　B. 平衡增长　C. 出口导向　D. 不平衡增长

二、判断题

1. 一国实现了经济增长，也就实现了经济发展。（　　）

2. 一国的收入分配情况不影响该国的经济增长。（　　）

3. 国家的贸易政策是影响经济增长的直接原因。（　　）

4. 规模经济是影响一国经济增长的直接原因。（　　）

5. 东方国家受传统文化的影响，其储蓄率普遍高于西方国家的储蓄率，这是决定其经济增长的直接原因。（　　）

6. 索洛余值是对一个国家广义技术进步的衡量。（　　）

7. 增长核算方程将经济增长的源泉归因于资本增长、劳动力增长以及技术进步。（　　）

8. 索洛余值是对除资本和劳动外所有其他对经济增长作用因素的衡量。（　　）

9. 由于资本的边际报酬递减，因此各国经济水平差距将不断缩小。（　　）

10. 新古典增长模型又称为外生经济增长模型，这是因为储蓄率是外生的。(　　)

11. 新古典增长模型又称为外生经济增长模型，这是因为技术进步率是外生的。(　　)

12. 新古典增长模型设定生产函数中资本的边际报酬递减。(　　)

13. 当一国的人均投资大于临界投资时，该国经济将出现资本广化。(　　)

14. 在新古典增长理论框架内，稳定状态意味着 $\Delta Y/Y=\Delta N/N=\Delta K/K$（$Y$ 为产量，N 为劳动，K 为资本）。(　　)

15. 当人均储蓄与临界投资相等时，经济处于稳态。(　　)

16. 新古典增长模型所确定的稳态是稳定的。(　　)

17. 经济处于稳态的重要特征是相关变量的增长率为常数。(　　)

18. 经济处于稳态时，总产出的增长率为 0。(　　)

19. 当一个经济体初始资本水平大于稳定水平时，投资小于折旧，资本存量水平会不断下降，直到稳态水平为止。(　　)

20. 在新古典增长模型中，储蓄率一次性提高使得稳态时的人均资本存量持续提高。(　　)

21. 根据索洛增长模型，其他条件相同，储蓄率较高国家的人均收入将高于储蓄率较低国家的人均收入，并且前者的增长率也高于后者的增长率。(　　)

22. 储蓄率提高将使人均消费水平不断下降。(　　)

23. 在新古典模型中，储蓄率的改变只有水平效应，没有增长效应。(　　)

24. 在没有技术进步的情况下，经济处于稳态时，人均消费的增长率为 0。(　　)

25. 经济处于稳态时，经济变量的增长率不受储蓄率的影响。(　　)

26. 其他因素不变，人口增长率的提高使稳态的人均资本存量更大。(　　)

27. 人口增长率的改变对稳态时的总产出有水平效应，无增长效率。(　　)

28. 生产函数为 $Y=F(AN,K)$，A 的提高表明同样数量的劳动力会有更高的产出。(　　)

29. 依据新古典增长模型，长期中人均收入水平的增长率取决于技术进步率。(　　)

30. 索洛余量能准确地代表短期中的技术变动。(　　)

31. 折旧率的上升和人口增长率的上升对稳态的人均资本量具有相同影响。(　　)

32. 索洛增长模型能够让我们理解日本经济为什么能够在二战后迅速增长，一度赶超美国。(　　)

33. 人口增长率的下降会带来稳态时人均产出水平和增长率的上升。(　　)

34. 根据索洛增长模型，一国 GDP 的增长率主要取决于该国的技术进步率。(　　)

35. 根据索洛增长模型，其他条件相同，储蓄率较高的国家的人均收入将高于储蓄率较低的国家的人均收入，虽然前者的增长率未必高于后者的增长率。（　）

36. 在具有技术进步的新古典增长模型中，经济处于稳态时总产出的增长率为人口增长率和技术进步率之和。（　）

37. 在没有技术进步的情况下，新古典增长模型并没有对长期人均增长的决定因素做出解释。（　）

38. 索洛模型没有解释经济增长的真正源泉。（　）

39. 其他条件相同，低收入国家增加一单位资本所增加的收入很可能比高收入国家增加一单位资本所增加的收入多。（　）

40. 根据索洛增长模型，无论经济开始时处在什么位置，最终它都将调整至稳态。（　）

41. 资本存量“黄金律”是指人均资本或者每个效率工人的资本不增不减的稳态资本存量。（　）

42. 如果总量生产函数不再具有边际报酬递减的性质，那么索洛模型中稳定状态将会发生一定的变化，但是最终还是能达到新的稳定。（　）

43. 根据索洛增长模型，中国的稳态人均收入增长率高于美国的稳态人均收入增长率。（　）

44. 某国人民受到一种新型文化的影响，突然之间变得非常节俭。从长期来看，人均生活水平将提高。（　）

45. 根据索洛增长模型，储蓄率的提高可能导致实际总产出的增长率的永久性上升。（　）

46. 如果 $MPK-\delta=n+g$，则该式所对应的资本存量是资本存量“黄金律”。（　）

47. 根据新古典增长模型，如果两个国家的初始人均资本、人口增长率相同，那么储蓄率高的国家将有较高的人均收入水平。（　）

48. 根据内生经济增长模型，投资可以导致一国的长期增长。（　）

49. 在 AK 模型中，资本的边际产出递减。（　）

50. 在 AK 模型中，人口增长率不变的情况下，没有技术进步就不能实现经济持续增长。（　）

51. 在 AK 模型中，储蓄率的提高不影响长期经济增长。（　）

52. 新古典经济增长模型与内生经济增长模型的主要区别在于前者没有考虑技术进步，后者包含了技术进步。（　）

三、简答题

1. 请简述长期经济增长的典型事实。

2. 什么是新古典增长模型的稳态，一国经济处于稳态的条件是什么？

3. 在未包含技术进步的新古典增长模型中，如果一国经济处于稳态，请简述该国储蓄率提高的短期影响和长期影响。

4. 为什么在新古典增长模型中，储蓄率的提高只有水平效应，没有增长效应？

5. 索洛经济增长模型中，技术进步如何影响资本积累的稳态水平？

6. *AK* 模型的关键假设是什么？为什么在该模型中储蓄率的改变会影响长期经济增长率？

7. 在新古典增长模型中，当经济处于稳态时人口增长率提高对经济会产生什么影响？

8. 假设总量生产函数为 $Y=AF(K,N)$，请推导增长核算方程。

9. 什么是经济发展战略？目前，世界各国主要有哪些经济发展战略？

10. 依据新古典增长模型，越贫穷的国家的资本边际产出越高，则越能吸引国外投资。这种说法正确吗？为什么？

四、计算题

1. 假定某一时期一国资本（K）的增长率为3%，劳动（N）的增长率为2%，实际总产出的增长率为6%。统计数据显示该国资本的收入份额为0.3，劳动的收入份额为0.7。

（1）依据增长核算方程计算全要素生产率的增长率。

（2）假设该国政府的一项投资税收减免政策使其资本的增长率提高1%，则产出的增长率提高多少？

2. 假设生产函数为 $Y = K^{1/4}(AN)^{3/4}$，资本的平均使用年限为 10 年，人口增长率为 4%，技术进步率为 2%，储蓄率 $s = 0.2$。

（1）写出有效工人人均产出方程。

（2）稳态时的有效工人人均资本、人均产出、人均消费、人均储蓄、人均投资是多少？

（3）总产出、人均产出、人均储蓄和人均消费的稳态增长率是多少？

3. 假设一个国家的人均生产函数为 $y = k^{\frac{1}{2}}$，其中 y 和 k 分别为人均产出和人均资本。如果储蓄率为 28%，人口增长率为 2%，折旧率为 2%。

（1）该国稳定状态的人均资本和人均产出是多少？

（2）如果储蓄率下降 10%，而人口增长率上升到 4%，其他条件不变，该国稳定状态的人均产出是多少？

4. 假设某国的总量生产函数为 $Y = K^{1/3}(AN)^{2/3}$，储蓄率为 0.24，人口增长率为 0.02，折旧率为 0.03，A 的增长率为 0.01。

（1）写出有效工人人均产出方程。

（2）求稳态时的有效工人人均资本和有效工人人均产出及人均资本的边际产出。

（3）稳态时总产出、人均产出和有效工人人均产出的增长率分别是多少？

五、论述题

1. 二战中，德国和日本的国内资本尽管受到摧毁，但两国经济在二战后经历了一段快速增长时期。请利用新古典增长模型分析：

（1）二战后德国和日本的总产出是高于还是低于劳动增长率。

（2）二战中德国和日本资本的摧毁对其劳均资本和劳均产出的长期影响如何？

2. 假设一国遭遇战争，战争没有直接影响资本存量，但人员死伤减少了劳动力数量，战后人口增长率与战前相同。战前该国经济处于稳态，请分析：

（1）战争对总产出和人均产出的瞬时影响如何?

（2）战后经济的人均产出将发生什么变化?

3. 假设一国经济处于稳态，该国政府为了进一步提高投资率，因此提高了储蓄率。请画图分析储蓄率的提高对该国人均产出、人均消费以及总产出的动态影响。

4. 很多经济落后国家人均收入水平较低，普遍缺乏资本，且人口众多。请依据新古典增长理论为这些贫穷国家的政府提供有助于其追赶上发达国家的政策建议。

5. 2017 年中国共产党第十九次全国代表大会首次提出中国经济由高速增长阶段转向高质量发展阶段。高质量发展需要创新驱动。习近平总书记指出，创新驱动实质上是一种经济发展方式，是经济增长动力由资源、投资等要素向知识、创新、人力资本等高级要素转换的过程，是不断提高发展质量的过程。请结合新古典增长理论和增长核算方程分析我国经济由高速增长转向高质量增长的内涵、理论依据以及政策建议。

6. 据新加坡《联合早报》报道：中国为2018年的经济增速定下了6.5%左右的目标，低于2017年实际取得的6.9%的增长，显示出中国将经济发展目标从重速度改为重质量。虽然6.5%左右的增长预期与2017年相同，但中国政府显然是要把注意力引导到高质量发展上来。请利用新古典增长模型分析为什么我国政府主动下调经济增长率目标。

第二部分

宏观经济学习题参考答案

第一章
宏观经济的基本指标及其衡量
参考答案

一、单项选择题

1. D　2. A　3. D　4. B　5. B　6. B　7. C　8. C　9. A　10. C
11. C　12. B　13. A　14. C　15. C　16. C　17. B　18. C　19. B　20. C
21. D　22. D　23. B　24. D　25. A　26. B　27. B　28. B　29. C　30. C
31. C　32. C　33. D　34. B　35. C　36. D　37. D　38. C　39. A

二、判断题

1. F　2. T　3. T　4. T　5. F　6. T　7. F　8. F　9. T　10. T
11. F　12. F　13. F　14. F　15. F　16. F　17. F

三、简答题

1. 自然失业率中的“自然”是什么意思？为何各国的自然失业率不同？

解答：“自然”是指不受货币政策影响的经济在长期中趋向的失业率。它可能因为工会的力量、最低工资法、集体议价法、失业保险以及其他一些劳动力市场条件等因素的不同而不同。

2. 支出法核算的 GDP 由哪几个部分组成？简要说明下列交易影响 GDP 的哪一部分？

（1）某家庭购买了一台新冰箱。

（2）某位老师购买了一套新房子。

（3）某公司从其存货中出售了一台电脑。

（4）在阳光明媚的星期六早上，你悠闲地漫步到学校食堂买了一份早餐。

（5）某位女同学购买了一瓶法国香水。

解答：支出法核算的 GDP 由消费、投资、政府购买、净出口组成。

（1）消费。

（2）投资。

（3）消费增加，存货投资减少，总计无影响。

（4）消费。

（5）消费增加，净出口减少，总计无影响。

3. 举例说明 GNP 与 GDP 之间的区别。

解答：GDP 指一国在一定时期内生产的全部最终产品和劳务的市场价值。GNP 指一国永久居民在一定时期生产的全部最终产品和劳务的市场价值。从计算原则角度来看，GDP 遵循国土原则，GNP 遵循国民原则。

例如，一个在中国开公司的美国人取得的利润属于美国 GNP 的一部分，但不是美国 GDP 的一部分。

4. 区分名义 GDP 和实际 GDP，并说明引入实际 GDP 的意义。

解答：名义 GDP 是用生产产品和服务的当年价格计算的全部最终产品和服务的市场价值；实际 GDP 是选定某一时期作为基期，然后以基期价格核算出的某年所生产的全部最终产品和服务的市场价值。

引入实际 GDP 的意义：第一，比较不同时期 GDP 时能够排除价格因素；第二，可以通过名义 GDP 计算 GDP 平减指数。

5. 说明 GDP 平减指数和 CPI 指数的异同之处。

解答：两者的不同之处有二。第一，GDP 平减指数衡量所有产品与服务的价格，CPI 只衡量消费者购买的产品与服务的价格。第二，GDP 平减指数只包括国内生产的产品，进口产品价格变动范围并不在衡量范围内；CPI 则衡量在其中。

两者相同之处在于都可以作为衡量经济中价格水平变化的指标。

6. 下列项目是否计入 GDP，为什么？

（1）政府发放给残疾人的救济金。

（2）购买高端企业淘汰的设备。

（3）购买中国工商银行的普通股票。

（4）某人竞拍并得到一处地产。

解答：（1）救济金属于政府转移支付，不计入 GDP。因为政府转移支付只是简单地通过税收（包括社会保障税）和社会保险及社会救济等把收入从一个人或一个组织转移到另一个人或另一个组织手中，并没有相应的货物或劳务的交换发生。

（2）购买高端企业淘汰的设备不计入 GDP，因为在生产时已经计入过了。

（3）购买普通股股票不计入 GDP，因为经济学上所讲的投资是增加或替换资本资产的支出，即购买新厂房、设备和存货的行为，而人们购买股票和债券只是一种证券交易活动，并不是实际的生产经营活动。

（4）购买一处地产不计入 GDP，因为购买地产只是一种所有权的转移活动，不属于经济学意义的投资活动，所以不计入 GDP。

四、计算题

1. 某年发生如下经济活动：

（1）一银矿公司向矿工支付 7.5 万元工资，开采了 50 千克银卖给银器制造商，售价为 10 万元。

（2）银器制造商向工人支付 5 万元工资，制造了一批餐具售卖给顾客，售价为 40 万元。

请计算：（1）用支出法（最终产品）计算 GDP。

（2）在生产活动中赚得的工资和利润各是多少？用收入法计算 GDP。

解答：（1）餐具是最终产品，GDP 为 40 万元。

（2）生产过程中，工资 = 7.5+5 = 12.5（万元）。

利润 = 售价 - 成本，银矿利润 = 10 - 7.5 = 2.5（万元）。银器商利润 = 40 - 10 - 5 = 25（万元）。

总利润 = 2.5 + 25 = 27.5（万元）。收入法计算 GDP = 工资 + 利润 = 12.5 + 27.5 = 40（万元）。

2. 假如某国企业在本国的收入为 200 亿元，在国外的收入为 50 亿元；该国国民在本国的劳动收入为 120 亿元，在国外的劳动收入为 10 亿元；外国企业在该国的收入为 80 亿元，外国人在该国的劳动收入为 12 亿元，请计算该国的 GNP 和 GDP。

解答：该国的 GNP = 本国企业在国内的收入+本国企业在国外的收入+本国国民在国内的收入+本国国民在国外的收入 = 200+50+120+10 = 380（亿元）。

该国的 GDP = 本国企业在国内的收入+外国企业在国内的收入+本国国民在国内的收入+外国国民在国内的收入 = 200+80+120+12 = 412（亿元）。

3. 假设一个国家有以下国民经济统计资料：净投资 130 亿元，净出口 20 亿元，折旧 60 亿元，政府转移支付 100 亿元，企业间接税 80 亿元，政府购买 220 亿元，社会保险金 120 亿元，个人消费支出 700 亿元，企业未分配利润 90 亿元，企业所得税 65 亿元，个人所得税 85 亿元。

请计算：(1) 国民生产总值 (GNP)。

(2) 国民生产净值 (NNP)。

(3) 国民收入 (NI)。

(4) 个人收入 (PI)。

(5) 个人可支配收入 (DPI)。

解答：(1) 国民生产总值 (GNP) $=C+I+G+(X-M)=700+(130+60)+220+20=$ 1 130 (亿元)。

(2) 国民生产净值(NNP)=国民生产总值(GNP)−折旧=1 130−60=1 070 (亿元)。

(3) 国民收入(NI)=国民生产净值(NNP)−间接税=1 070−80=990 (亿元)。

(4) 个人收入(PI)=国民收入(NI)+转移收入−转移支出=国民收入(NI)+政府转移支付−公司未分配利润−公司所得税−社会保险金=990+100−90−65−120=815 (亿元)。

(5) 个人可支配收入(DPI)=个人收入(PI)−个人所得税=815−85=730 (亿元)。

4. 假定一国有下列国民收入统计资料：国内生产总值 5 000 亿元，个人可支配收入 4 100 亿元，政府预算赤字 200 亿元，个人消费支出 3 800 亿元，贸易赤字 100 亿元。

请计算：(1) 储蓄 (S)。

(2) 投资 (I)。

(3) 政府支出 (G)。

解答：(1) 由个人可支配收入=个人消费支出+储蓄可知：

储蓄 (S) =个人可支配收入−个人消费支出=4 100−3 800=300 (亿元)。

(2) 从国民收入核算的宏观经济恒等式可知：投资=储蓄。从广义上说，储蓄是包含私人部门、政府部门和国外部门的储蓄。私人部门的储蓄表现为个人可支配收入扣除个人消费支出后的余额；政府部门的储蓄表现为政府财政的盈余 (或财政赤字)；国外部门的储蓄表现为贸易顺差 (贸易赤字则为逆差)。因此：

投资(I)=私人部门的储蓄+政府部门的储蓄+国外部门的储蓄=300+(−200)+100=200 (亿元)。

(3) 由国内生产总值(GDP) $=C+I+G+(X-M)$ 可知：

政府支出 (G) $=\text{GDP}-[C+I+(X-M)]=5\ 000-(3\ 800+200-100)=1\ 100$ (亿元)。

5. 假设某国某年的国民收入经济数据如表 2-1-1 所示。

表 2-1-1 国民收入经济数据 单位：亿元

项目	金额
个人租金收入	31.8
折旧	287.3

表2-1-1(续)

项目	金额
雇员的报酬	1 596.3
个人消费支出	1 672.8
营业税和国内货物税	212.3
企业转移支付	10.5
统计误差	-0.6
国内私人总投资	395.3
产品和劳务出口	339.8
政府对企业的净补贴	4.6
政府对产品和劳务的购买	534.7
产品和劳务进口	316.5
净利息	179.8
财产所有者的收入	130.6
公司利润	182.7

请计算：(1) 用支出法计算 GDP。

(2) 国内生产净值。

(3) 用两种方法计算国民收入。

解答：(1) 用支出法计算 GDP $=C+I+G+(X-M)=1\ 672.8+395.3+534.7+(339.8-316.5)=2\ 626.1$ (亿元)。

(2) 国内生产净值=国内生产总值-折旧=2 626.1-287.3=2 338.8 (亿元)。

(3) 用支出法计得的国民收入=国内生产净值-间接税(营业税和国内货物税)-企业转移支付+政府对企业的净补贴=2 338.8-212.3-10.5+4.6 =2 120.6 (亿元)。

用收入法计得的国民收入=个人租金收入+雇员的报酬+净利息+财产所有者的收入+公司利润+统计误差=31.8+1 596.3+179.8+130.6+182.7 -0.6=2 120.6 (亿元)。

6. 一经济社会生产三种产品：书、面包和菜豆。它们在 2018 年和 2019 年的产量与价格如表 2-1-2 所示。

表 2-1-2 三种产品的产量和价格

产品	2018 年		2019 年	
	产量	价格/元	产量	价格/元
书 (册)	100	10	110	10
面包 (条)	200	1	200	1.5
菜豆 (千克)	500	0.5	450	1

请计算：（1）2018 年名义 GDP。

（2）2019 年名义 GDP。

（3）以 2018 年为基期，2018 年和 2019 年的实际 GDP 是多少？这两年实际 GDP 变化多少百分比？

（4）以 2019 年为基期，2018 年和 2019 年的实际 GDP 是多少？这两年实际 GDP 变化多少百分比？

（5）以 2018 年为基期，计算 2018 年和 2019 年的 GDP 平减指数。

（6）这段时期的通胀率是多少？

解答：（1）2018 年名义 GDP = 100×10+200×1+500×0.5 = 1 450（元）。

（2）2019 年名义 GDP = 110×10+200×1.5+450×1 = 1 850（元）。

（3）以 2018 年为基期，2018 年的实际 GDP = 100×10+200×1+500×0.5 = 1 450（元）。2019 年的实际 GDP = 110×10+200×1+450×0.5 = 1 525（元）。这两年实际 GDP 变化百分比 = (1 525−1 450)/1 450 = 5.17%。

（4）以 2019 年为基期，2019 年的实际 GDP = 110×10+200×1.5+450×1 = 1 850（元）。2018 年的实际 GDP = 100×10+200×1.5+500×1 = 1 800（元）。这两年实际 GDP 变化百分比 = (1 850−1 800)/1 800 = 2.78%。

（5）以 2018 年为基期，2018 年 GDP 折算指数 = 名义 GDP/实际 GDP = 1 450/1 450 = 100%，2019 年 GDP 折算指数 = 1 850/1 525 = 121.31%。

（6）以 GDP 折算指数为基础计算的通胀率 = 121.31%−100% = 21.3%。

7. 假设 A 国生产并消费面粉、手机、化妆品三种商品，2017—2019 年的商品产量与价格如表 2-1-3 所示。

表 2-1-3　2017—2019 年的商品产量与价格

年份	面粉		手机		化妆品	
	产量/千克	价格/元	产量/台	价格/元	产量/套	价格/元
2017	8	5	5	3 000	20	200
2018	7	3	6	3 500	21	240
2019	9	4	5	4 000	24	300

请计算：（1）该国 2018 年和 2019 年的名义 GDP 是多少？

（2）以 2017 年的价格为基期价格，该国 2018 年和 2019 年的实际 GDP 是多少？

（3）该国统计局以 5 千克面粉、5 台手机、10 套化妆品的商品组合构成一个统计篮子，并以 2017 年的价格为基年价格，该国 2018 年和 2019 年的 CPI 是多少？

（4）该国 2018 年和 2019 年的通货膨胀率是多少？

解答：（1）2018 年名义 GDP = 7×3+6×3 500+21×240 = 26 061（元）。

2019 年名义 GDP = 9×4+5×4 000+24×300 = 27 236（元）。

（2）2018 年实际 GDP = 7×5+6×3 000+21×200 = 22 235（元）。

2019 年实际 GDP = 9×5+5×3 000+24×200 = 19 845（元）。

（3）2017 年一篮子商品价值 = 5×5+5×3 000+10×200 = 17 025（元）。

2018 年一篮子商品价值 = 5×3+5×3 500+10×240 = 19 915（元）。

2019 年一篮子商品价值 = 5×4+5×4 000+10×300 = 23 020（元）。

2018 年的 CPI = 19 915÷17 025 = 117%。

2019 年的 CPI = 23 020÷17 025 = 135%。

（4）2018 年的通货膨胀率 $=\frac{117-100}{100}=17\%$

2019 年的通货膨胀率 $=\frac{135-117}{117}=13.3\%$

8. 假设某国价格水平在 2017 年为 107.9，在 2018 年为 111.5，在 2019 年为 114.5。请计算：（1）2018 年和 2019 年的通货膨胀率各为多少？

（2）若以前两年通货膨胀的平均值作为第三年通货膨胀的预期值，2020 年的通货膨胀率为多少？

（3）若 2020 年的利率为 6%，该年的实际利率为多少？

解答：（1）2018 年通货膨胀率 =（111.5－107.9）/107.9×100% = 3.34%。

2019 年通货膨胀率 =（114.5－111.5）/111.5×100% = 2.69%。

（2）2020 年通货膨胀率 =（3.34%+2.69%）/2 = 3.015%。

（3）2020 年实际利率 = 6%－3.015% = 2.985%。

五、论述题

1. 2019 年 6 月，全国居民消费价格同比上涨 2.7%。其中，城市和农村均上涨 2.7%；食品价格上涨 8.3%，非食品价格上涨 1.4%；消费品价格上涨 3.2%，服务价格上涨 1.8%。2019 年上半年，全国居民消费价格比 2018 年同期上涨 2.2%。CPI 反映了价格水平状况，提供了国民生活成本的信息，但是 CPI 也存在一定的局限和偏差，请对 CPI 的局限性和引起偏差的因素进行评析。

解答：（1）局限性。①CPI 并未构成生活成本的所有因素；②衡量生活成本时也可能存在偏差。

（2）偏差。①替代倾向，即 CPI 的固定篮子不能及时反映消费者用相对价格下降的产品进行替代的情况。②产品质量偏差，产品质量改进也增加了成本，但提高的价格不应计入通货膨胀中。③新产品的进入改善了消费环境，提供了货币实际价值，但是CPI 不能加以反映。

2. 针对失业的分类，谈一谈在达到充分就业的情况下，政府还可以如何进一步减轻我国的失业压力。

解答：(1) 摩擦性失业——完善就业信息渠道，减少寻找工作成本。

(2) 结构性失业——完善职业培训，减轻职业不平等；出台落后地区就业优惠政策。

(3) 季节性失业——完善职业保障，引导季节性职业空闲季节再就业。

具体途径言之有理即可。

3. 分别利用 GDP 体系来衡量中国 1978—2018 年改革开放 30 年获得的成就和 2012—2018 年新常态时期获得的成就时，哪段时间的衡量更加准确，为什么?

解答：(1) 利用 GDP 体系来衡量经济成就都会存在高估，但是改革开放 30 年的高估程度会大于新常态时期。

(2) GDP 不能反映经济发展对资源环境造成的负面影响。中国改革开放 30 年，经济增长属于粗放型增长，资源环境出现恶化，这没有反映在 GDP 中。经济进入新常态，虽然经济增速在放缓，但是更加注重保护环境。

(3) GDP 不能反映经济增长的效率和效益。改革开放 30 年，中国面临的是低效率的经济增长，在大量消耗资源的基础上获得了经济总量的高速增长。经济新常态下，中国经济效率和效益不断提高。

(4) GDP 不能全面反映人们的福利状况。在经济增长的过程中，由于收入分配的不平等，少部分人得到了更多的收入，大多数人的收入增加得很少，因此 GDP 的增加不能反映这种由于收入分配的差异状况而产生的福利差异状况。中国基尼系数在 2018 年达到顶峰之后有下降的趋势，可见新常态下收入差距在缩小。

4. 常用的 GDP 核算方法有哪几种，分别解释。

解答：(1) 生产法。生产法是从生产的角度衡量常住单位在一定时期新创造价值的方法，即从生产的全部货物和服务总产品价值中，扣除生产过程中投入的中间货物和服务价值得到增加价值。国民经济各产业部门生产法增加值计算公式如下：

增加值=总产出-中间投入

(2) 收入法。收入法也称分配法，是从常住单位从事生产活动形成收入的角度来计算生产活动最终成果的方法。国民经济各产业部门收入法增加值由劳动者报酬、生产税净额、固定资产折旧和营业盈余四个部分组成。其计算公式如下：

增加值=劳动者报酬+生产税净额+固定资产折旧+营业盈余

（3）支出法。支出法是从最终使用的角度衡量所有常住单位一定时期内生产活动最终成果的方法。最终使用包括最终消费支出、资本形成总额、净流出三部分。其计算公式如下：

支出法=最终消费支出+资本形成总额+净流出

5. 如果将欧盟所有成员国合并为一个国家，那么合并后的国家的 GDP 相比于欧盟所有成员国的 GDP 之和会增加还是减少（假定各国产出不变，有贸易往来）？

解答：会增加。因为在不合并的情况下，成员国有贸易往来，如成员国甲向成员国乙出口 100 万欧元的产品，成员国乙向成员国甲出口 80 万欧元的产品，则成员国甲有 20 万欧元计入 GDP，成员国乙则相应计入 GDP-20 万欧元。这样，从两国 GDP 加总来看，这些产品归入对外贸易，计入 GDP 的价值之和为 0。一旦合并，对外贸易则变成了甲、乙两地区的国内往来，那么按最终产品的价值来计算支出或收入，甲地区最终产品价值 100 万欧元，乙地区最终产品价值 80 万欧元，这些产品计入 GDP 应为 180 万欧元。

第二章
国民收入的决定：收入-支出模型参考答案

一、单项选择题

1. D　2. D　3. C　4. A　5. A　6. D　7. B　8. C　9. C　10. B
11. D　12. A　13. A　14. C　15. D　16. A　17. C　18. C　19. A　20. B
21. A　22. C　23. D　24. A　25. B　26. C　27. D　28. C　29. D　30. D
31. B　32. D　33. A

二、判断题

1. F　2. F　3. F　4. F　5. T　6. F　7. F　8. T　9. F　10. T
11. F　12. T　13. T　14. T　15. T

三、简答题

1. 什么是平衡预算乘数？在三部门体系中，当税收为固定税额时，平衡预算乘数是多少？

解答：平衡预算乘数指政府收入和政府支出同时以相等的数量增加和减少时，国民收入变动对政府收支变动的比率。

如果用 ΔY 代表政府购买支出和税收各增加同一数量时国民收入的变动量，那么它就可以表示为以下形式：

$$\Delta Y = k_G \Delta G + k_T \Delta T = \frac{\Delta G - \beta \Delta T}{1 - \beta}$$

因为假定了 $\Delta G = \Delta T$，所以：

$$\Delta Y = \frac{\Delta G - \beta \Delta G}{1 - \beta} = \frac{(1 - \beta)\Delta G}{1 - \beta} = \Delta G$$

或者：

$$\Delta Y = \frac{\Delta T - \beta \Delta T}{1 - \beta} = \frac{(1 - \beta)\Delta T}{1 - \beta} = \Delta T$$

于是：

$$\frac{\Delta Y}{\Delta G} = \frac{\Delta Y}{\Delta T} = \frac{1 - \beta}{1 - \beta} = 1 = k_b$$

2. 乘数原理发挥作用的前提条件是什么？

解答：（1）社会有过剩的生产能力和资源。

（2）投资和储蓄的决定是相互独立的。

（3）货币供给量的增加能否适应投资支出增加的需要。

（4）乘数发挥作用过程中，企业和个人增加的收入不能用于购买进口物品和劳务。

（5）政府不能在乘数发挥作用期间同时向社会征税或借款。

3. 按照凯恩斯主义的观点，储蓄是哪个变量的函数？增加储蓄对均衡收入会有怎样的影响？

解答：凯恩斯主义认为直接决定储蓄的是收入，即 $c = c(y)$。由于消费是收入的函数，而储蓄又是收入扣除消费之后所剩的部分，因此 $s = s(y)$，是增函数。在凯恩斯主义看来，增加储蓄会使均衡收入减少。因为决定产出和收入水平的是有效需求，储蓄增加，消费就会减少。在其他条件不变的情况下，总的有效需求就会减少，从而减少均衡产出（收入）。

4. 为什么有了对外贸易之后，封闭经济中的一些乘数会变小？

解答：在封闭经济中，投资和政府支出增加，国民收入增加的倍数是 $\frac{1}{1-\beta}$，而有了对外贸易之后，这一倍数变成了 $\frac{1}{1-\beta+m}$，其中 β 是边际消费倾向，m 是边际进口倾向，乘数明显变小。这主要是由于增加的一部分收入要用到购买进口商品上，造成财富的漏出。

5. 请用收入-支出法说明同一均衡国民收入水平的决定。

解答：以两部门国民收入决定为例，Y 表示总收入，AE 表示总支出。$Y<AE$ 时，市场供不应求，企业将增加产量和就业，使 Y 增加。$Y>AE$ 时，市场供过于求，企业将减少产量和就业，使 Y 减少。$Y=AE$ 时，E 为国民收入与总支出相等的均衡点，由 $Y=C+I$，国民收入的决定可以通过研究投入与支出的关系得知（见图 2-2-1）。

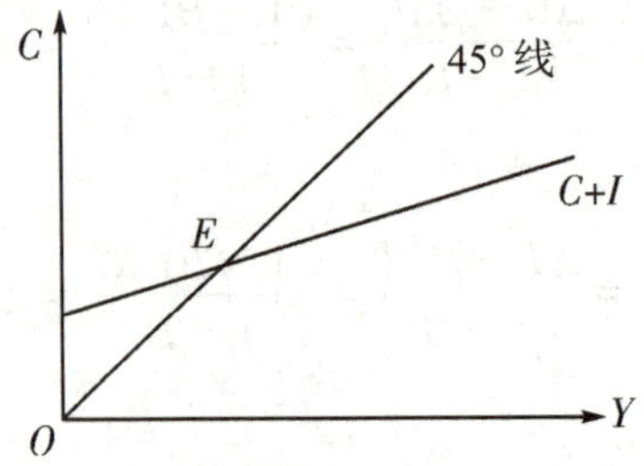

图 2-2-1　均衡国民收入水平的决定

6. 在定量税下，政府税收乘数、转移支付乘数与投资乘数、政府支出乘数有什么不同？

解答：政府支出乘数和投资乘数的计算公式一样，在其他条件不变时，$K=1/(1-MPC)$。转移支付乘数和税收乘数的绝对值相同，但与上述两种乘数不同，在其他条件不变的情况下，$K_{tr}=MPC/(1-MPC)$，$K_T=-MPC/(1-MPC)$。转移支付乘数、税收乘数的绝对值小于投资乘数和政府支出乘数。

四、计算题

1. 已知边际消费倾向 $\beta=0.8$，税率 $t=0.25$，均衡时预算赤字为 150 亿元（$G-T=150$，G 为政府购买，T 为净税收）。

请计算：（1）增加多少投资能消除赤字？

（2）如何改变政府购买能消除赤字。

（3）如何改变转移支付能消除赤字。

（4）同时等量增加多少政府购买和税收能消除赤字？

解答：投资乘数 = 政府购买乘数 = $1/[1-0.8\times(1-0.25)]=2.5$

税收乘数 = $\dfrac{-0.8}{1-0.8\times(1-0.25)}=-2$

转移支付乘数 = −税收乘数 = 2

（1）通过增加投资 Δi，消除赤字：

$\Delta T=t\Delta y=tk_i\times\Delta i=150$

$\Delta i=240$

增加投资 240 亿元。

（2）通过改变政府购买 Δg 消除赤字：

$\Delta T-\Delta g=t\Delta y-\Delta g=tk_g\times\Delta g-\Delta g=150$

$\Delta g=-400$

减少政府购买 400 亿元。

（3）通过转移支付 Δtr 消除赤字：

$\Delta T - \Delta tr = t\Delta y - \Delta tr = tk_{tr} \times \Delta tr - \Delta tr = 150$

$\Delta tr = 300$

减少转移支付300亿元。

（4）若通过改变预算规模消除赤字（$\Delta g = \Delta T$），则改变的预算规模 ΔB 计算如下：

$ty - \Delta g + \Delta T = tk_b \times \Delta B = 0.25 \times 0.5 \times \Delta B = 150$

$\Delta B = 1\ 200$

同时增加政府购买和税收1 200亿元才可以消除预算赤字。

2. 某国的宏观经济模型为

$$Y = C + I + G$$

$$C = 0.8Y_d + 8$$

$$I = 80$$

$$G = 100$$

请比较以下两种不同税制情况下的均衡国民收入水平、财政支出乘数以及财政状况：

（1）$T = 2 + 0.25Y$。

（2）$T = 0.6Y$。

解答：（1）均衡国民收入为：

$Y = C + I + G = 0.8(Y - 2 - 0.25Y) + 8 + 80 + 100$

$Y = 466$

财政支出乘数为：

$$k_g = \frac{1}{1 - 0.8 \times (1 - 0.25)} = 2.5$$

财政状况为：

财政支出：$G = 100$

财政收入：$T = 2 + 0.25Y = 118.5$

财政盈余：$T - G = 18.5$

（2）均衡国民收入为：

$Y = C + I + G = 0.8(Y - 0.6Y) + 8 + 80 + 100$

$Y \approx 276.47$

财政支出乘数为：

$$k_g = \frac{1}{1 - 0.8 \times (1 - 0.6)} = 1.47$$

财政状况为：

财政支出：$G = 100$

财政收入：$T = 0.6Y \approx 165.88$

财政盈余：$T - G = 65.88$

3. 若某经济的消费函数为 $c = 200 + 0.6y$，投资为 40。

请计算：（1）均衡状态下的收入、消费、储蓄是多少？

（2）如果 $c = 100 + 0.9y$，消费函数变动后，投资乘数如何变化？

（3）如果 $I = 20 + 0.2y$，投资函数变动后，均衡国民收入如何变化？

解答：（1）由 $y = c + i = 200 + 0.6y + 40$，得 $y = 600$。$c = 200 + 0.6y = 200 + 0.6 \times 600 = 560$。$s = y - c = 40$。

（2）之前的乘数为 $1/(1 - 0.6) = 2.5$，之后的乘数为 $1/(1 - 0.9) = 10$。

（3）$y = c + i = 200 + 0.6y + 20 + 0.2y$，计算得 $y = 1\,100$。

4. 设消费 $c = 100 + 0.8y_d$，净税收 $T = 50$，投资 $i = 100$，政府购买 $g = 60$，出口 $x = 80$，进口 $m = 20 + 0.05y$。

请计算：（1）均衡的国民收入水平。

（2）净出口。

（3）政府购买乘数。

解答：（1）$y_d = y - 50$

$y = c + i + g + x - m$

$y = 100 + 0.8(y - 50) + 100 + 60 + 80 - 20 - 0.05y$

$y = 1\,120$

（2）净出口余额 $nx = x - m = 80 - 20 - 0.05 \times 1\,120 = 4$

（3）$k_g = \dfrac{1}{1 - \beta + \gamma} = \dfrac{1}{1 - 0.8 + 0.5} = 4$

5. 如果边际消费倾向为 0.8，所得税为收入的 1/4，政府决定增加支出来使国民生产总值增加 750 万元，政府开支应该增加多少？对财政赤字有什么影响？

解答：政府购买支出乘数为：

$$k_g = \frac{\Delta Y}{\Delta G} = \frac{1}{1 - 0.8 \times (1 - 0.25)} = 2.5$$

$\Delta G = 750 \div 2.5 = 300$

预算赤字的变动即政府开支减去税收的变动。政府开支增加 300 万元，税收增加 $750 \times 1/4 = 187.5$ 万元，因此预算赤字增加 112.5 万元。

6. 社会原来的收入水平为 1 000 亿元，消费为 800 亿元，收入增加至 1 200 亿元后，消费增加至 900 亿元。

请计算：(1) 收入水平为 1 000 亿元时的消费函数、边际消费倾向、边际储蓄倾向。

(2) 收入水平为 1 200 亿元时的平均消费倾向、平均储蓄倾向。

解答：(1) $C = 300 + 0.5Y$

$APC = 800 \div 1\,000 = 0.8$

$APS = 200 \div 1\,000 = 0.2$

(2) $MPC = 0.5$

$MPS = 1 - MPC = 0.5$

7. 假设经济模型为 $C=20+0.75(Y-T)$，$I=380$，$G=400$，$T=0.2Y$，$Y=C+I+G$。

(1) 画出作为收入 Y 的消费函数曲线，标明斜率及截距。

(2) 计算均衡时的收入水平。

(3) 计算在均衡收入水平下，政府预算盈余是多少？

(4) 若 G 增加到 410，计算政府支出乘数，并解释其不等于 $\frac{1}{1-MPC}$ 的原因。

解答：(1) $C = 20 + 0.75(Y - 0.2Y) = 20 + 0.6Y$

收入 Y 的消费函数曲线如图 2-2-2 所示。

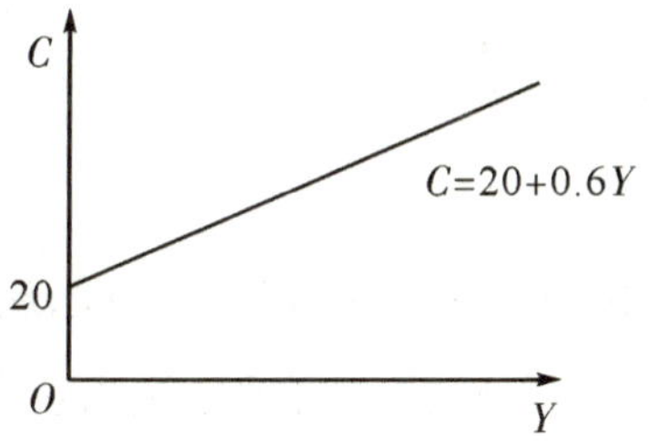

图 2-2-2　收入的消费函数曲线

(2) $Y = C + I + G = 20 + 0.75(Y - 0.2Y) + 380 + 400$

计算得 $Y = 2\,000$

(3) 预算盈余 $T - G = 0.2 \times 2\,000 - 400 = 0$

(4) 政府支出乘数为：

$$k_g = \frac{1}{1 - 0.75 \times (1 - 0.2)} = 2.5$$

k_g 不等于 $\frac{1}{1-MPC}$ 是因为当税收为收入的函数时，收入中要有一定比例作为税收上缴给政府，因此可支配收入减少了。

五、论述题

1. 请介绍至少两种消费理论。

解答：（1）绝对收入假说。绝对收入假说由凯恩斯在其《就业、利息和货币通论》中首次提出。在短期中，收入与消费是相关的，即消费取决于收入，消费与收入之间的关系就是消费倾向。同时，随着收入的增加消费也将增加，但消费的增加低于收入的增加，消费增量在收入增量中所占的比重是递减的，即边际消费倾向递减。

（2）相对收入假说。相对收入假说由美国经济学家杜森贝里提出，消费者会根据自己过去的消费习惯以及周围人们消费水准的影响来决定自己的消费水平。因此，人们的当期消费是相对决定的。消费与收入在长时期内会维持一个相对固定的比率，但短期消费函数却有所不同。

（3）恒久收入假说。恒久收入假说由美国经济学家弗里德曼根据费雪的消费理论提出。恒久收入假说认为，消费支出主要不是由人的现期收入水平决定，而是由人的恒久收入水平决定的。消费者在暂时性收入变动时，往往通过储蓄和借贷来稳定消费。

（4）生命周期假说。生命周期假说由美国经济学家莫迪利安尼、安多和布隆贝格提出。生命周期假说认为，人们在特定时期不仅将消费与他们在该时期的可支配收入相联系，而且会在更长时间范围内计划他们的生活消费开支，以达到他们在整个生命周期内消费的最佳配置。

2. 请比较古典经济学、新古典经济学和凯恩斯主义关于均衡国民收入决定的基本原理。

解答：古典经济学关于均衡国民收入决定的基本原理是供给决定需求，即萨伊定律。萨伊定律最简单明确的含义就是供给总是会创造出它自身的需求。这是由于古典经济学所处时代整体上处于物品匮乏的情况。在古典经济学中，均衡国民收入主要就由经济中的总供给水平决定。

新古典经济学关于均衡国民收入决定的基本原理是供给在长期中的决定作用。新古典经济学在基本原理上完全接受了古典经济学的观点，只是在分析工具方面更加精细、更加丰富。

凯恩斯主义关于均衡国民收入决定的基本原理是经济萧条情况下有效需求的决定性作用。在凯恩斯经济学中，考察对象的背景和条件是经济萧条时的情况。在经济萧条时，主要问题在于需求不足、供给过剩。因此，凯恩斯主义的均衡国民收入决定原理是：均衡国民收入决定于总需求和总供给的相等，但在短期内或经济萧条中，总供给处于充裕状态或基本无法变动状态，因此在总供求共同决定均衡国民收入的格局中，总需求成为唯一的决定因素。

3. 为什么将一部分国民收入从富裕者转给贫困者能提高总收入水平？

解答：富裕者的消费倾向偏低，储蓄倾向较高。贫困者因为收入低，为维持基本生活水平，他们的消费支出在收入中的比重必然大于富裕者，所以贫困者的消费倾向较高。将一部分国民收入从富裕者转移给贫困者，可以提高整个社会的消费倾向，从而提高整个社会的总消费水平，于是总产出（总收入）水平就会随之提高。

4. 既然政府支出乘数大于税收乘数和转移支付乘数，为何不能通过一直增加政府支出来增加经济总量？

解答：在乘数的谈论中，需要假定一个变量的变动不会引起另一些变量的变动。例如，讨论政府支出乘数时，假设政府购买支出的改变不会引起利率或消费行为的变动，但实际上，政府购买支出增加时，如果通过发行或出售公债筹集经费，就会引起债券价格下降（也意味着市场利率上升）。这样就会抑制私人投资和消费，从而使总支出水平下降，最终使政府购买支出乘数缩小。

5. 税收、政府购买和转移支付这三者对总需求的影响方式有什么差别？

解答：总需求由消费支出、投资支出、政府购买和净出口四部分组成。

税收不直接影响总需求，而是通过改变人们的可支配收入，影响消费支出，从而影响总需求。税收的变化与总需求的变化是反方向的。税收增加，人们的可支配收入减少，消费减少，从而减少总需求。总需求减少量多于税收的增加量。

政府购买直接影响总需求，两者的变化方向相同。总需求的变化也数倍于政府购买的变化量，倍数为政府购买支出乘数。

政府转移支付间接影响总需求，转移支付增加，人们可支配收入增加，消费增加，从而增加总需求。政府转移支付的乘数与税收乘数的绝对值相同，但小于政府购买乘数。政府转移支付与总需求同向变动。

第三章
国民收入的决定：*IS–LM* 模型参考答案

一、单项选择题

1. B	2. A	3. C	4. B	5. D	6. D	7. C	8. A	9. D	10. A
11. D	12. D	13. C	14. B	15. D	16. B	17. B	18. D	19. B	20. C
21. C	22. A	23. C	24. D	25. B	26. D	27. B	28. A	29. A	30. B
31. A	32. B	33. A	34. B	35. C	36. D	37. B	38. B	39. C	40. A
41. A	42. A	43. C	44. A	45. A	46. B	47. D	48. B	49. B	50. B
51. D	52. A	53. C	54. D	55. B	56. C	57. C	58. C	59. C	60. A
61. A	62. A	63. D	64. B	65. B	66. C	67. C	68. B	69. D	70. C
71. D	72. B	73. B	74. A	75. D	76. D	77. B	78. B	79. A	80. B
81. A	82. B	83. C	84. B	85. D	86. A	87. A	88. C	89. B	90. C
91. A	92. C	93. D	94. C	95. C	96. D	97. C	98. D	99. C	100. C
101. C	102. D	103. C	104. A	105. A	106. A	107. A	108. B	109. B	110. D
111. B	112. C	113. A	114. B	115. A	116. B	117. C	118. C	119. B	

二、判断题

1. T	2. F	3. F	4. F	5. F	6. F	7. T	8. T	9. T	10. F
11. F	12. F	13. T	14. F	15. F	16. T	17. T	18. T	19. F	20. F
21. F	22. T	23. F	24. F	25. F	26. F	27. T	28. F	29. F	30. T
31. T									

三、简答题

1. 什么是 *IS* 曲线？

解答：*IS* 曲线指的是产品市场均衡时，即投资等于储蓄时，国民收入和均衡利率的组合。

2. 什么是 *LM* 曲线？

解答：*LM* 曲线指的是货币市场均衡时，即货币供给等于货币需求时，国民收入和均衡利率的组合。

3. 什么是资本边际效率？为什么它是递减的？

解答：资本边际效率是指一种贴现率，这种贴现率正好使一项资本品预期收益的现值等于该项资本品的重置价格。它与资本品的重置价格负相关，与资本的预期收益正相关。随着社会上各个企业投资的增加，一方面，引起对资本品需求的增加，使资本的重置价格上升；另一方面，产品供给增加，价格降低，使资本的预期收益减少。因此，资本边际效率具有递减的趋势。

4. 考虑一个四部门的经济，引起 *IS* 曲线向右移动的因素有哪些？

解答：(1) 投资需求的增加。如果其他因素不变，投资者的需求增加，则在每一个利率水平下，投资需求量都会增加，*IS* 曲线会向右移动。

(2) 自发性消费的增加。如果其他因素不变，消费者的自发性消费增加，消费需求增加，则在每一个利率水平下，消费需求量都会增加，*IS* 曲线会向右移动。

(3) 政府购买的增加或税收的减少。如果其他因素不变，政府实施扩张性的财政政策，增加政府购买或减少税收，其作用类似于增加投资和刺激消费，因此 *IS* 曲线向右移动。

(4) 净出口额的增加。如果其他因素不变，净出口额增加，其作用类似于增加了自发性支出，*IS* 曲线会向右移动。

5. 引起 *LM* 曲线向右移动的因素有哪些？

解答：(1) 货币供给增加。

(2) 货币需求减少（如物价下降）。

6. 如果经济中的收入和利率的组合不在 *IS* 曲线和 *LM* 曲线的交点上，市场能否使产品市场和货币市场的这种非均衡走向均衡？

解答：只要生产能随产品市场供求而变动，利率能随货币市场供求而变动，则产品市场和货币市场中的非均衡可以通过调整逐步走向均衡。例如，若利率和收入的组合点

在 *IS* 曲线和 *LM* 曲线之上，则一方面表示这时储蓄大于投资，另一方面表示货币供给大于货币需求，在这种非均衡情况出现时，只要市场机制能充分起作用，则储蓄大于投资会导致生产收缩，货币供给大于货币需求会导致利率下降，经过多次调整，一定会使收入和利率趋向两个市场同时达到均衡的地步。

7. 政府支出的增加额如果完全来自税收的增加，这对国民收入会有什么影响？

解答：政府支出的增加会提高国民收入，而税收的增加会降低国民收入。也就是说，国民收入与政府支出成正比，而与税收为负相关关系。如果此时政府支出增加额与税收增加额相等，则国民收入总体水平不变。

8. 在 *IS* 和 *LM* 两条曲线相交时形成的均衡收入是否就是充分就业的国民收入？为什么？

解答：两个市场同时均衡的收入不一定就是充分就业的国民收入。这是因为 *IS* 曲线、*LM* 曲线都只是表示产品市场上供求相等和货币市场上供求相等的收入与利率的组合，所以两条曲线的交点形成的收入和利率也只表示两个市场同时达到均衡的利率和收入，并没有说明这种收入一定是充分就业的收入。

9. 按照凯恩斯的观点，应该如何理解“节俭的悖论”？

解答：“节俭的悖论”是指这样一种情况，增加消费减少储蓄会减少个人财富，这对个人来说是件坏事，但由于会增加国民收入使经济繁荣，对整个经济来说却是件好事。凯恩斯的观点强调了消费对生产的刺激作用。从总体上看，生产对消费的制约作用是主要的，但在某些特殊情况下，消费对生产的反作用也可以是主要的。

10. 试述流动性陷阱产生的原因。

解答：当利率极低时，人们会认为利率不太可能再下降，或者说债券市场价格不太可能再上升而只会跌落，会对货币有无限的需求。其产生原因在于人们的投机心理，即当市场利率降到极低时，债券的价格便上升到极高，此时人们认为债券价格绝对不会继续上升，在一定时间之后肯定会出现价格的下降。在此情况下，无论政府如何扩大货币供给，这些增加的货币都会以现金的形式保留在人们的手中，人们等待债券价格下降所带来的最佳购买时机。

11. 简要分析货币需求的动机。

解答：凯恩斯认为货币需求有三大动机：一是交易动机，指人们为了满足日常的交易需要而持有货币的动机，其大小由收入决定并且同收入之间呈同方向变动。二是预防需求，指人们为了预防意外支出而持有一部分货币的动机，其大小也由收入决定并且同收入之间呈同方向变动。由于交易货币需求和预防货币需求都是收入的函数，因此可以把两者结合起来进行分析。三是投机货币需求，指人们为了抓住有利的购买生利资产（如债券等有价证券）的机会而持有一部分货币的动机。投机货币需求是利率的函数，并且与利率呈反方向变动。

12. 简要介绍 *LM* 曲线的三个区域。

解答：*LM* 曲线上斜率的三个区域分别指 *LM* 曲线从左到右所经历的水平线、向右上方的倾斜线和垂直线这三个阶段。*LM* 曲线的这三个区域分别被称为凯恩斯区域、中间区域和古典区域。

13. 假定政府要削减税收，试用 *IS-LM* 模型表示以下两种情况下减税的影响，说明两种情况下减税的经济后果有什么区别？

（1）用适用性货币政策保持利率不变。

（2）货币存量不变。

解答：如图 2-3-1 所示。

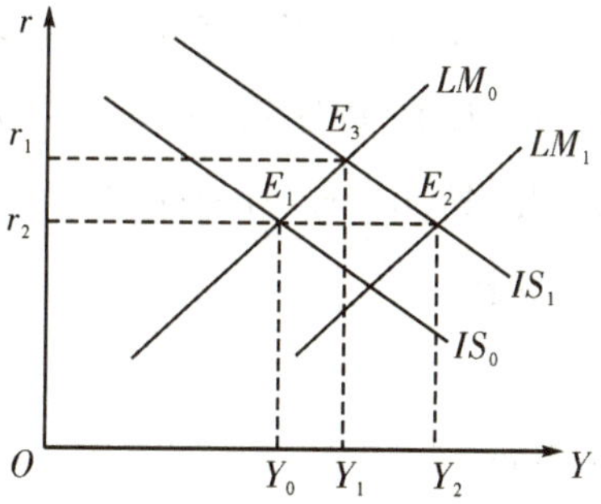

图 2-3-1　*IS-LM* 模型

（1）政府减税，会使 IS_0 曲线向右上方移动至 IS_1 曲线，这使得利率上升至 r_1，国民收入增加至 Y_1，为了使利率维持在 r_2 水平，政府应采用扩张性货币政策使 *LM* 曲线至 LM_1 曲线处，从而使利率仍旧为 r_2。

（2）货币存量不变，表示 *LM* 曲线不变，减税使 IS_0 曲线向右上方移至 IS_1 曲线，这使得利率上升至 r_1，国民收入增加至 Y_1，均衡点为 LM_0 曲线与 IS_1 曲线的交点 E_3。

14. 什么是财政政策的挤出效应？

解答：挤出效应是指当政府支出增加时或税收减少时，货币需求会增加，在货币供给既定的情况下，利率会上升，私人部门的投资会受到抑制，产生政府支出挤出私人投资的现象。

15. 简要介绍 *IS-LM* 模型。

解答：*IS-LM* 模型是在凯恩斯宏观经济理论基础上概括出的一个宏观经济分析模式，是描述产品市场和货币市场之间相互联系的理论结构。在产品市场上，国民收入决定于消费（*C*）、投资（*I*）、政府支出（*G*）和净出口（*X*-*M*）加总起来的总支出或者说总需求水平，而总需求尤其是投资需求要受到利率（*r*）影响，利率则由货币市场供求情况决定，也就是说，货币市场要影响产品市场。产品市场上决定的国民收入又会影响货币需求，从而影响利率，这又是产品市场对货币市场的影响。可见，产品市场和货币市场是相互联系、相互作用的，而收入和利率也只有在这种相互联系、相互作用中才能被决定。描述和分析这两个市场相互联系的理论结构，就称为 *IS*-*LM* 模型。

四、计算题

1. 只考虑产品市场，解答以下问题：

（1）若投资函数为 $I=60-5r$（r 的单位为%），找出利率为 3%、4%、5%时的投资量。

（2）若消费函数为 $C=0.75Y+100$，求 *IS* 曲线。

解答：（1）若投资函数为 $I=60-5r$，则：

当 $r=3$ 时，$I=45$；当 $r=4$ 时，$I=40$；当 $r=5$ 时，$I=35$。

（2）若消费函数为 $C=0.75Y+100$，则储蓄函数为 $S=-100+0.25Y$。

根据产品市场均衡条件 $I=S$，即 $60-5r=-100+0.25Y$，解得 $Y=-20r+640$。

2. 在一个两部门经济中，假定：

（1）$C=5+0.8Y$，$I=10-5r$；

（2）$C=50+0.8Y$，$I=10-10r$；

（3）$C=5+0.75Y$，$I=10-10r$。

求（1）、（2）和（3）的 *IS* 曲线；比较（1）和（2）说明投资对利率更为敏感时，*IS* 曲线的斜率将发生什么变化；比较（2）和（3）说明边际消费倾向变动时，*IS* 曲线的斜率将发生什么变化。

解答：由产品市场的均衡条件 $S=Y-C=I$，可知（1）、（2）、（3）的 *IS* 曲线方程为：

$$Y=75-25r \quad \cdots\cdots ①$$

$$Y=300-50r \quad \cdots\cdots ②$$

$$Y=60-40r \quad \cdots\cdots ③$$

由（1）和（2）的投资函数比较可知（2）的投资行为对利率更为敏感，而由（1）和（2）的 *IS* 曲线方程①和②比较可知（2）的 *IS* 曲线的斜率（绝对值）要小于（1）的 *IS* 曲线的斜率，这说明在其他条件不变的情况下，投资对利率越敏感，*IS* 曲线的斜率（绝对值）越小。

从（2）和（3）的消费函数比较可知（2）的边际消费倾向较大，而由（2）和（3）的 *IS* 曲线方程②和③比较可知（2）的 *IS* 曲线的斜率（绝对值）要小于（3）的 *IS* 曲线的斜率，也说明在其他条件不变的情况下，边际消费倾向越大，*IS* 曲线的斜率（绝对值）越小。

3. 在货币市场中，我们假定货币需求函数为 $L=0.2Y-5r$（r 的单位为%）。

（1）请计算当利率为 4%、6% 和 8%，收入为 400 亿元、500 亿元和 600 亿元时的货币需求量。

（2）若名义货币供给量为 100 亿元，价格水平 $P=1$，写出 LM 曲线方程。

解答：（1）已知货币需求函数为 $L=0.2Y-5r$。

当 $r=4$ 时，Y 为 400 亿元、500 亿元和 600 亿元时，货币需求量分别为 60 亿元、80 亿元和 100 亿元。

当 $r=6$ 时，Y 为 400 亿元、500 亿元和 600 亿元时，货币需求量分别为 50 亿元、70 亿元和 90 亿元。

当 $r=8$ 时，Y 为 400 亿元、500 亿元和 600 亿元时，货币需求量分别为 40 亿元、60 亿元和 80 亿元。

（2）由题意可知，货币供给为 $m=\frac{M}{P}=\frac{100}{1}=100$，货币需求为 $L=0.2Y-5r$，货币市场均衡时 $L=m$，联立这两个方程得 $0.2Y-5r=100$，即 $Y=500+25r$，此方程即为 LM 曲线方程。

4. 若货币交易需求为 $L_1=0.2Y$，货币投机性需求为 $L_2=1\ 000-200r$（r 的单位为%）。

（1）写出货币总需求函数。

（2）当利率 $r=4$，收入 $Y=2\ 000$ 亿元时，货币需求量为多少？

（3）若货币供给 $M=200$ 亿元，收入 $Y=600$ 亿元时，可满足投机性需求的货币是多少？

（4）当收入 $Y=1\ 000$ 亿元，货币供给 $M=250$ 亿元时，货币市场均衡时的利率是多少？

解答：（1）$L=L_1+L_2=0.2Y+1\ 000-200r$。

（2）$L=0.2\times2\ 000+1\ 000-200\times4=600$（亿元）。

（3）由 $M=L$，可得 $200=0.2\times600+L_2$，$L_2=80$（亿元）。

（4）由 $M=L$，可得 $250=0.2\times1\ 000+1\ 000-200r$，$r=4.75$。

5. 假定现金-存款比率 $W=0.5$，存款准备金率（包括超额准备金率）$r=0.2$，货币乘数为多少？若增加基础货币 100 亿元，货币供给增加多少？

解答：货币乘数 $K_M=\frac{1+W}{W+r}=\frac{1+0.5}{0.5+0.2}\approx2.14$

若增加基础货币 100 亿元，货币供给增加 $\Delta M=100\times2.14=214$ 亿元。

6. 假定货币需求函数为 $L=0.2Y-10r$ 和价格水平不变（$P=1$）。

（1）若名义货币供给量为100，找出货币需求与供给均衡时的 LM 曲线。

（2）若名义货币供给量为200，找出货币需求与供给均衡时的 LM 曲线，并与（1）中 LM 曲线比较有什么不同。

（3）对于（2）中这条 LM 曲线，若 $r=5$，$Y=500$，货币需求与供给是否均衡，若非均衡，利率该如何变化。

解答：（1）货币市场均衡条件为 $L=M$，我们可以得到 LM 曲线方程：

$$Y=50r+500 \cdots\cdots ①$$

（2）货币市场均衡条件为 $L=M$，我们可以得到 LM 曲线方程：

$$Y=50r+1\,000 \cdots\cdots ②$$

与①式的 LM 曲线比较可以发现，②式的 LM 曲线位于 LM 曲线①的右下方，且两者平行，这说明货币供给增加会导致 LM 曲线向右下方平行移动。

（3）当 $r=5$，$Y=500$ 时，货币需求量 $L=0.2\times500-5\times10=50$，对于（2）中的 LM 曲线来说，货币供给为200，此时货币需求小于货币供给，处于非均衡状态，存在利率下降的压力。

7. 假设在一个两部门经济中，消费 $C=60+0.8Y$，投资 $I=100-6r$，货币供给 $M=100$，货币需求 $L=0.2Y-4r$（金额单位为亿元，利率单位为%）。

（1）求 IS 曲线和 LM 曲线。

（2）求产品市场和货币市场同时均衡时的利率和收入。

解答：（1）由题可知，储蓄函数为 $S=Y-C=Y-(60+0.8Y)=0.2Y-60$，$I=100-6r$。

由产品市场的均衡条件 $S=I$，得 $0.2Y-60=100-6r$，解得 $Y=-30r+800$，即为所求的 IS 曲线。

由货币市场均衡条件 $L=M$，得 $100=0.2Y-4r$，解得 $Y=20r+500$，即为所求的 LM 曲线。

（2）联立（1）中的 IS 曲线和 LM 曲线方程有 $-30r+800=20r+500$，解得 $Y=620$，$r=6$，即为产品市场和货币市场同时均衡时的利率和收入。

8. 若将第7题中的两部门经济改为三部门经济，其中税收 $T=0.3Y$，政府支出 $G=50$，货币需求 $L=0.2Y-2r$，实际货币供给为30亿元，求 IS 曲线和 LM 曲线方程以及均衡时的利率和收入。

解答：由产品市场均衡条件 $Y=C+I+G$，有 $Y=60+0.8(Y-0.3Y)+100-6r+50$，解得 $Y=\frac{5\,250}{11}-\frac{150}{11}r$，即为所求的 IS 曲线方程。

由货币市场均衡 $M=L$，有 $30=0.2Y-2r$，解得 $Y=150+10r$，即为所求的 LM 曲线方程。

联立 *IS* 曲线和 *LM* 曲线方程，解得 $Y=150+\frac{1\ 800}{13}$，$r=\frac{180}{13}$，即为均衡时的收入和利率。

9. 假定在一个三部门经济中有 $C=0.8\ (1-t)\ Y$，$t=0.25$，$I=900-50r$，$G=800$，货币需求为 $L=0.25Y-62.5r$，实际货币供给为 $\frac{M}{P}=500$。

（1）试求 *IS* 曲线方程。

（2）试求 *LM* 曲线方程。

（3）试求两个市场同时均衡时的利率和收入。

解答：（1）产品市场均衡时，由恒等式 $Y=C+I+G$ 可得 *IS* 曲线方程。

$Y=0.8(1-0.25)Y+900-50r+800$，可得 $Y=-125r+4\ 250$。

（2）货币市场均衡时，由 $L=\frac{M}{P}$，可得 $0.25Y-62.5r=500$，$Y=250r+2\ 000$。

（3）联立（1）、（2）中的 *IS* 曲线方程和 *LM* 曲线方程，得 $r=6$，$Y=3\ 500$。

10. 如果在一国的经济中 $C=250+0.75Y$，$I=500$，$G=500$（单位为亿元），解答以下问题：

（1）均衡国民收入、消费、储蓄各是多少？投资乘数是多少？

（2）如果投资 I 是利率 r 的函数 $I=1\ 250-50r$（r 的单位为%），货币供给水平的函数为 $\frac{M}{P}=\frac{1\ 000}{P}$，货币需求是收入 Y 和利率 r 的函数 $L=0.25Y-100r$。

①价格水平 $P=1$ 时的 *IS* 曲线、*LM* 曲线以及均衡利率和收入是多少？

②在价格水平是变动的情况下，导出总需求曲线，并说明其含义。

解答：（1）$Y=C+I+G=250+0.75Y+500+500$

均衡时，$Y=5\ 000$（亿元）

$C=250+0.75y=250+0.75\times 5\ 000=4\ 000$（亿元）

$S=Y-C=5\ 000-4\ 000=1\ 000$（亿元）

投资乘数 $k_i=\frac{1}{1-c}=\frac{1}{1-0.75}=4$

（2）①$Y=C+I+G=(250+0.75Y)+(1\ 250-50r)+500$

$Y=8\ 000-200r$ 即为 *IS* 曲线方程。

$\frac{M}{P}=L=0.25Y-100r=\frac{1\ 000}{P}$

$Y=4\ 000+400r$ 即为 *LM* 曲线方程。

解得：$r=6.667\%$，均衡收入 $y=6\ 667$（亿元）

②由方程组 $Y=8\ 000-200r$，$\frac{1\ 000}{P}=0.25Y-100r$，可得 $Y=\frac{16\ 000}{3}+\frac{4\ 000}{3P}$。该总需求

函数表示商品市场和货币市场同时达到均衡时国民收入与价格的关系。

11. 假定实际货币供给量用 M 表示，实际货币需求用 $L=kY-hr$ 表示。

（1）求 LM 曲线的代数表达式，找出 LM 曲线的斜率的表达式。

（2）当 k 变小时，LM 曲线的斜率如何变化；当 h 增大时，LM 曲线的斜率如何变化？

（3）若 $k=0.2$，$h=0$，LM 曲线如何变化？

解答：（1）由 $L=M$，可知 LM 曲线的代数表达式为：

$$r=-\frac{M}{h}+\frac{k}{h}Y$$

（2）由于 LM 曲线的斜率为 $\frac{k}{h}$，因此当 k 越小时，LM 曲线的斜率越小，即曲线越平坦；当 h 越大时，LM 曲线的斜率也越小，即曲线越平坦。

（3）若 $k=0.1$，$h=0$ 时，则 LM 曲线为：

$0.1Y=M$，即 $Y=10M$

此时 LM 曲线为一条垂直于横轴的直线，$h=0$ 表明货币与利率的大小无关，这正好是 LM 曲线的古典区域情况。

12. 假定货币市场中，货币需求 $L=0.2Y-5r$，货币供给 $M=100$；产品市场中，$C=40+0.8Y_d$，$T=50$，$I=140-10r$，$G=50$。

（1）求 IS 曲线方程和 LM 曲线方程。

（2）求产品市场和货币市场同时均衡时，收入 Y、利率 r、消费 C 和投资 I 各为多少？

（3）求当政府支出从 50 增加到 80 时的收入、利率、消费和投资水平各为多少？

（4）为什么均衡时收入的增加量小于 IS 曲线的右移量？

解答：（1）由产品市场均衡条件 $Y=C+I+G$，可得 $Y=40+0.8(Y-50)+140-10r+50$。

解得 IS 曲线方程为 $Y=950-50r$。

由货币市场均衡条件 $L=M$，可得 $0.2Y-5r=100$。

解得 LM 曲线方程为 $Y=500+25r$。

（2）联立 IS 曲线和 LM 曲线方程，可得 $Y=650$，$r=6$，$I=140-10\times6=80$，$C=40+0.8\times(650-50)=520$。

（3）当 $G=80$ 时，$Y=C+I+G=40+0.8(Y-50)+140-10r+80$。

得到 IS 曲线方程为 $Y=1\ 100-50r$。

LM 曲线方程依然为 $Y=500+25r$。

联立上面两个方程，可得 $Y=700$，$r=8$，$C=40+0.8(700-50)=560$，$I=140-10r=140-80=60$。

（4）IS 曲线右移量$\frac{30\times1}{1-0.8}=150$，而均衡时收入的变化为$700-650=50$，小于 IS 曲线右移量，原因是存在挤出效应。

13. 三部门的经济消费函数 $C=80+0.8Y_d$，投资函数 $I=20-5r$，货币需求函数 $L=0.4Y-10r$，政府购买支出 $G=20$，税收 $T=0.25Y$，名义货币供应量 $M=90$，充分就业的国民收入为 285。其中，r 是利率，Y_d 是可支配国民收入，Y 是国民收入。

（1）若价格水平 $P=2$，则 IS-LM 决定的均衡国民收入与利率各为多少？

（2）若总供给曲线为 $Y=235+40P$，则总需求曲线与总供给曲线决定的均衡国民收入和价格各为多少？

（3）若通过变动政府购买而实现充分就业，则政府购买的变动量与价格水平各为多少？

解答：（1）由产品市场均衡条件 $Y=C+I+G$，可得 $Y=80+0.8(Y-0.25Y)+20-5r+20$。

解得 IS 曲线方程为 $Y=300-12.5r$。

由货币市场均衡条件 $L=\frac{M}{P}$，可得 $0.4Y-10r=\frac{90}{2}$。

解得 LM 曲线方程为 $Y=25r+112.5$。

联立 IS 曲线和 LM 曲线方程，可得 $r=5$，$Y=237.5$。

（2）由货币市场均衡条件 $L=\frac{M}{P}$，可得 $0.4Y-10r=\frac{90}{P}$。

解得 LM 曲线方程为 $Y=25r+\frac{225}{P}$。

与 IS 曲线方程 $Y=300-12.5r$ 联立，消去 r，可得 $Y=200+\frac{75}{P}$，即总需求曲线。

又由题意可知，总供给曲线为 $Y=235+40P$，联立总需求和总供给曲线，可得 $P=1$，$Y=275$。

（3）$G=15$，$P=1.25$。

14. 假定经济是由四部门构成，消费函数为 $C=60+0.8Y_d$，投资函数为 $I=20-10r$，净出口函数为 $NX=10-0.4Y-50r$，货币需求为 $L=0.5Y-25r$，政府支出为 $G=200$，税收为 $T=100$，名义货币供给为 $M=100$，价格水平为 $P=1$（r 的单位为%）。

（1）求 IS 曲线。

（2）求 LM 曲线。

（3）求产品市场和货币市场同时均衡时的利率和收入。

解答：（1）根据产品市场的均衡条件 $Y=C+I+G+NX$，可得 IS 曲线的方程为 $Y=60+$

$0.8Y_d+20-10r+200+10-0.4Y-50r$。

可得 $Y=60+0.8(Y-100)+20-10r+200+10-0.4Y-50r$。

整理化简得 IS 曲线方程为 $Y=350-100r$。

（2）在名义货币供给为 100 和价格水平为 1 的情况下，实际货币供给为 100，根据货币市场的均衡条件 $L=\frac{M}{P}$，可得 LM 曲线方程为 $100=0.5Y-25r$，即 $Y=200+50r$。

（3）由 IS 曲线和 LM 曲线联立得：均衡利率 $r=1$，均衡收入 $Y=250$。

15. 假定货币需求为 $L=0.2Y-10r$，实际货币供给为 $M=200$，消费 $C=60+0.8Y_d$，税收 $T=100$，投资 $I=150$，财政支出 $G=100$。

（1）导出 IS 曲线和 LM 曲线方程，求均衡收入和均衡利率。

（2）若其他情况不变，政府支出 G 从 100 增加到 120 时，收入、利率和投资会有什么变化？

（3）是否存在挤出效应？为什么？

解答：（1）在产品市场均衡时，有下列方程成立：

$Y=C+I+G=60+0.8Y_d+150+100=60+0.8(Y-100)+150+100$

联立解方程组可得 IS 曲线表达式为：

$Y=1\ 150$ ………………………………………………………………………… ①

在货币市场均衡时，有下列方程成立：

$L=M$

$0.2Y-10r=200$

联立解方程组可得 LM 曲线表达式为：

$Y=1\ 000+50r$ ………………………………………………………………… ②

联立方程①和②，解得均衡利率 $r=3$，均衡收入 $Y=1\ 150$。

（2）在其他条件不变的情况下，政府支出增加 20 将会导致 IS 曲线发生移动，在产品市场均衡时，新的 IS 曲线方程变为 $Y=1\ 250$，与 LM 曲线 $Y=1\ 000+50r$ 联立可得均衡收入 $Y=1\ 250$，均衡利率 $r=5$，投资 $I=150$。

（3）当政府支出增加时，由投资无变化可以看出不存在挤出效应。这是因为投资与利率没有关系，不受利率变化的影响，因此 IS 曲线是一条垂直于 Y 轴的直线。

16. 假定货币需求为 $L=0.2Y$，实际货币供给为 $M_s/P=200$，消费 $C=90+0.8Y_d$，税收 $T=50$，投资 $I=140-5r$，财政支出 $G=50$。

（1）导出 IS 曲线和 LM 曲线方程，求均衡收入、利率和投资。

（2）若其他情况不变，政府支出 G 增加 20，收入、利率和投资有什么变化？

（3）是否存在挤出效应？

解答：（1）在产品市场均衡时，有下列方程成立：

$Y=C+I+G$

$C=90+0.8Y_d$

$Y_d=Y-T$

$T=50$

$I=140-5r$

$G=50$

联立解方程组可得 *IS* 曲线表达式为：

$Y=1\ 200-25r$ ………………………………………………………………………… ①

在货币市场均衡时，有下列方程成立：

$L=M_s/P$

$L=0.2Y$

$M_s/P=200$

联立解方程组可得 *LM* 曲线表达式为：

$Y=1\ 000$ ………………………………………………………………………………… ②

联立方程①和②，解得均衡利率 $r=8$，均衡收入 $Y=1\ 000$，投资 $I=140-5r=100$。

（2）在其他条件不变的情况下，政府支出增加 20 将会导致 *IS* 曲线发生移动，在产品市场均衡时，新的 *IS* 曲线方程变为 $Y=1\ 300-25r$，与 *LM* 曲线 $Y=1\ 000$ 联立可得均衡收入 $Y=1\ 000$，均衡利率 $r=12$，投资 $I=140-5r=80$。

（3）由投资变化可以看出，当政府支出增加时，投资减少相应份额，这说明存在挤出效应。由于 *LM* 曲线与横轴 *Y* 垂直，处于古典区域，因此政府支出增加导致利率提高而等量地减少私人投资，均衡国民收入没有任何改变，是一种完全挤占。

17. 假设一经济体系的消费函数 $C=600+0.8Y$，投资函数 $I=400-50r$，政府购买 $G=200$，实际货币需求函数 $L=250+0.5Y-125r$，货币供给 $M_s=1\ 250$（单位为亿元），价格水平 $P=1$。

（1）求 *IS* 曲线和 *LM* 曲线方程。

（2）求产品市场和货币市场同时均衡时的利率和收入。

（3）求财政政策乘数和货币政策乘数。

（4）若充分就业收入为 $Y^*=5\ 000$ 亿元，若用增加政府购买实现充分就业，需要增加多少？

（5）若用增加货币供给实现充分就业，需要增加多少货币供给量？

解答：（1）在产品市场均衡时，有下列方程成立：

$Y=C+I+G$

$C=600+0.8Y$

$I=400-50r$

$G=200$

联立解方程组可得 IS 曲线表达式为：

$Y=6\,000+250r$ ………………………………………………………………………… ①

在货币市场均衡时，有下列方程成立：

$L=M_s/P$

$L=250+0.5Y-125r$

$M_s/P=1\,250$

联立解方程组可得 LM 曲线表达式为：

$Y=2\,000+250r$ ………………………………………………………………………… ②

（2）联立方程①和②，解得均衡利率 $r=8$，均衡收入 $Y=4\,000$ 亿元。

（3）财政政策乘数为：

$$K_G=\frac{\partial Y}{\partial G}=\frac{1}{(1-b)+\frac{dk}{h}}=\frac{1}{(1-0.8)+\frac{50\times 0.5}{125}}=2.5$$

货币政策乘数为：

$$K_M=\frac{\partial Y}{\partial M}=\frac{d}{(1-b)h+dk}=\frac{50}{(1-0.8)\times 125+50\times 0.5}=1$$

（4）由于 $Y^*=5\,000$ 亿元，而实际收入 $Y=4\,000$ 亿元，因此 $\Delta Y=1\,000$ 亿元，若用增加政府购买实现充分就业，需要增加政府购买 $\Delta G=\Delta Y/K_G=1\,000/2.5=400$ 亿元。

（5）若用增加货币供给实现充分就业，需要增加货币供给量 $\Delta M_s/P=\Delta Y/K_M=1\,000/1=1\,000$ 亿元。

18. 假定经济满足 $Y=C+I+G$，且消费 $C=800+0.63Y$，投资 $I=7\,500-20\,000r$，货币需求 $L=0.162\,5Y-10\,000r$，名义货币供给量为 6 000 亿元，价格水平为 1。当政府支出从 7 500 亿元增加到 8 500 亿元时，政府支出的增加挤占了多少私人投资？

解答：根据产品市场的均衡条件 $Y=C+I+G$，可得 IS 曲线的方程为：

$Y=800+0.63Y+7\,500-20\,000r+7\,500$

整理化简得 IS 曲线为：

$Y=15\,800/0.37-20\,000r/0.37$

在名义货币供给为 6 000 和价格水平为 1 的情况下，实际货币供给为 6 000。根据货币市场的均衡条件 $L=M_s/P$，可得 LM 曲线的方程为：

$6\,000=0.162\,5Y-10\,000r$

即 $Y=6\,000/0.162\,5-10\,000r/0.162\,5$

由 *IS* 曲线和 *LM* 曲线联立得：

$Y=15\ 800/0.37-20\ 000r/0.37$

$Y=6\ 000/0.162\ 5-10\ 000r/0.1625$

解方程组得两个市场均衡时的均衡利率 $r=0.05$，均衡收入 $Y=40\ 000$，于是 $I_1=7\ 500-20\ 000r=6\ 500$。

同理，当政府支出增加到 8 500 亿元时，根据产品市场的均衡条件 $Y=C+I+G$，可得 *IS* 曲线的方程为：

$Y=800+0.63Y+7\ 500-20\ 000r+8\ 500$

整理化简得 *IS* 曲线为：

$Y=16\ 800/0.37-20\ 000r/0.37$

LM 曲线方程没有改变，与 *IS* 曲线方程联立可得均衡收入 $Y=41\ 438.85$，均衡利率 $r=0.073\ 2$，于是 $I_2=7\ 500-20\ 000r=6\ 036$。因此 $\Delta I=I_2-I_1=6\ 036-6\ 500=-464$ 亿元。这表明政府支出的增加挤出 464 亿元私人投资。

第四章

国民收入的决定：*AD–AS* 模型参考答案

一、单项选择题

1. C	2. D	3. B	4. D	5. A	6. D	7. B	8. D	9. A	10. C
11. B	12. C	13. D	14. D	15. B	16. A	17. B	18. B	19. A	20. B
21. D	22. D	23. A	24. C	25. D	26. D	27. D	28. C	29. C	30. B
31. C	32. A	33. B	34. A	35. A	36. B	37. D	38. B	39. C	40. B
41. A	42. C	43. A	44. A	45. C	46. B	47. A	48. C	49. A	50. C
51. B	52. D	53. A	54. B	55. C	56. C	57. A	58. D	59. D	60. D
61. C	62. C	63. C	64. B	65. B	66. A	67. A	68. D	69. D	70. A
71. D	72. D	73. A	74. A	75. C	76. B	77. A	78. A	79. B	80. D
81. A	82. B	83. D	84. C	85. B	86. C	87. D	88. B	89. D	90. A
91. B	92. C	93. D	94. A	95. B	96. A	97. C	98. D	99. C	100. A
101. C	102. A	103. B	104. C	105. D	106. B	107. D			

二、判断题

1. T	2. F	3. T	4. F	5. F	6. T	7. F	8. F	9. F	10. T
11. F	12. F	13. F	14. F	15. T	16. T	17. T	18. T	19. F	20. F
21. T	22. T	23. T	24. F	25. T	26. T	27. F	28. T	29. F	30. F
31. F									

三、简答题

1. 总需求曲线和单个商品的需求曲线有何不同？

解答：总需求曲线属宏观经济范畴，而单个商品需求曲线属微观经济范畴；总需求受价格水平的影响，而单个商品需求受价格的影响；总需求是指社会产出或国民收入，而单个商品需求是指商品数量；总需求曲线表示在一系列价格总水平下经济社会的均衡总支出水平，而需求曲线表示在每一价格下需求的商品数量；总需求曲线和单个商品需求曲线都受价格影响，但对前者的解释必须从利息率的变化入手，而对后者的解释则是替代效应和收入效应。

2. 凯恩斯主义的劳动力市场理论中关于货币工资"刚性"的假设是什么？

解答：人们对货币工资的下降会进行抵抗，但欢迎货币工资的上升。因此，货币工资只能上升，不能下降。不仅如此，由于人们具有"货币幻觉"，即只看到货币的票面数值而不注意货币的实际购买力，他们会抵抗价格水平不变情况下的货币工资下降，但却不抵抗货币工资不变情况下价格水平的提高。尽管这两种情况都会造成实际工资的下降，但是由于"货币幻觉"的存在，因此人们会对相同的后果，采取截然不同的态度。总之，在工资的下降具有"刚性"的假设条件下，经济学家可以按照劳动力市场理论得出凯恩斯主义的总供给曲线。

3. 货币工资具有完全伸缩性假设的主要内容是什么？

解答：货币工资可以适应劳动力市场供求的变动而迅速变动。在不同的价格水平下，当劳动力市场存在超额劳动供给时，货币工资就会下降；反之，当劳动力市场存在超额劳动需求时，货币工资就会提高，最后会使实际工资调整到使劳动力市场达到均衡的水平。换句话说，在长期中，经济的就业水平并不随着价格水平的变动而变动，而是始终处在充分就业状态。

4. 货币需求减少对总产出和价格水平有什么影响？

解答：货币需求减少会导致利率降低，从而导致总需求增加。总需求增加对总产出和价格的影响，取决于经济处于总供给曲线的哪一个区域。经济处于总供给曲线的水平区域，总需求增加会使产出增加，价格水平不变；经济处于总供给曲线的垂直区域，总需求增加会使价格水平提高，而产出不变；经济处于总供给曲线向上倾斜的区域，总需求增加会使总产出增加，价格水平提高。

5. 为什么古典理论认为总供给曲线总是垂直的？

解答：古典理论认为总供给曲线是一条位于经济潜在产量水平的垂直线，经济长期处于充分就业水平。其原因在于工资具有充分伸缩性。劳动的供求主要受实际工资的影响。在名义工资既定时，价格水平变动将引起实际工资变动，从而导致劳动力市场的非均衡；价格水平下降会使劳动供大于求，价格水平上升会使劳动供不应求。但由于名义工资具有充分伸缩性，这种非均衡将导致名义工资变动，直至劳动力市场重新恢复到均衡，从而就业处于充分就业状态。价格水平的变动将不影响就业和产出，因此总供给曲线总是垂直的。

6. 向上倾斜的总供给曲线有何经济含义？

解答：向上倾斜的总供给曲线表示当价格提高时，企业愿意增加产出。其原因是边际收益递减规律的作用，边际成本随产量增加而增加。在这种情况下，只有价格提高，递增的边际成本能够被补偿，企业才愿意增加产量。

7. 为什么长期总供给曲线是一条垂线？

解答：长期总供给是每个企业生产其能力产量，而且经济实现了充分就业时的实际国民生产总值的供给量。在长期中，一个经济社会物品和劳务的总供给取决于资本与劳动的供给以及用来把资本和劳动变为物品与劳务的技术。由于物价水平并不影响这些实际 GDP 的长期决定因素，因此长期总供给曲线就是一条垂线，即经济社会的资本、劳动和技术决定了物品与劳务的总供给量，而且无论物价水平如何变动，供给量都是相同的。

8. 政府采取扩张总需求的政策对价格水平、产出和利率会有什么影响？

解答：政府采取扩张总需求的政策会提高价格水平和产出。

对利率的影响分两种情况：扩张性财政政策会使利率提高，同时价格提高使实际货币供给减少，利率将进一步提高。扩张性货币政策会使利率下降，同时价格提高使实际货币供给减少，利率下降受到一定的限制。

9. 当总供给曲线是古典总供给曲线时，政府支出增加，价格水平、产出、利率和就业量如何变化？

解答：政府支出的增加将使总需求曲线向右移动。价格水平会上升；产出和就业水平不变；*IS* 曲线向右移动，利率上升。这时政府支出的增加会使私人部门的投资被“完全挤出”。

10. 如何推导出总需求曲线？

解答：总需求曲线可以根据 IS–LM 模型推导出来（见图 2–4–1）。

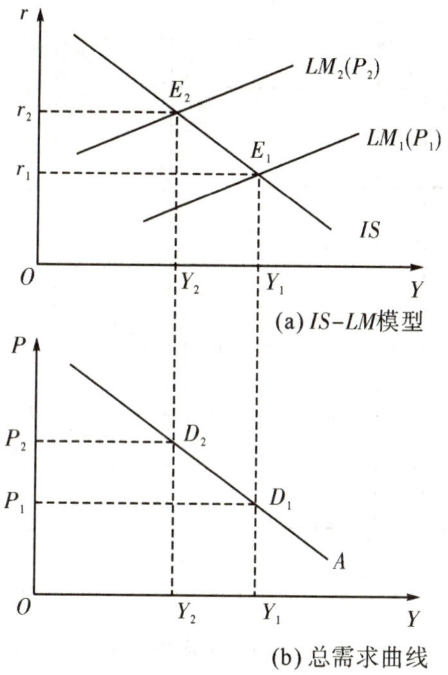

图 2–4–1　总需求曲线的推导

图 2–4–1 分为（a）和（b）两部分，其中，图 2–4–1（a）为 IS–LM 模型，图 2–4–1（b）表示价格水平和需求总量之间的关系，即总需求曲线。当价格 P 的数值为 P_1 时，LM 曲线 LM（P_1）与 IS 曲线相交于 E_1 点，E_1 点对应的收入和利率为 Y_1 和 r_1。将 P_1 和 Y_1 标在图 2–4–1（b）中便得到总需求曲线上的一点 D_1。现在假设 P 由 P_1 上升到 P_2。由于 P 的上升，LM 曲线移动到 LM（P_2）的位置，在图 2–4–1（a）中它与 IS 曲线的交点为 E_2 点，E_2 点对应的收入和利率为 Y_2 和 r_2。相应地，我们可在图 2–4–1（b）中找到 D_2。按照同样的程序，随着 P 的变化，LM 曲线和 IS 曲线可以有许多交点，每一个交点都标志着一个特定的 Y 和 r，于是就有许多 P 与 Y 的组合，从而构成了图 2–4–1（b）中的一系列点。把这些点连在一起所得到的向右下方倾斜的曲线便是总需求曲线 AD。

11. 如何推导凯恩斯主义总供给曲线？

解答：在工资的下降具有“刚性”的假设条件下，可以按照劳动力市场理论得出凯恩斯主义的总供给曲线。

如图 2–4–2 所示，可以用图形转变的办法来推导凯恩斯主义总供给曲线。

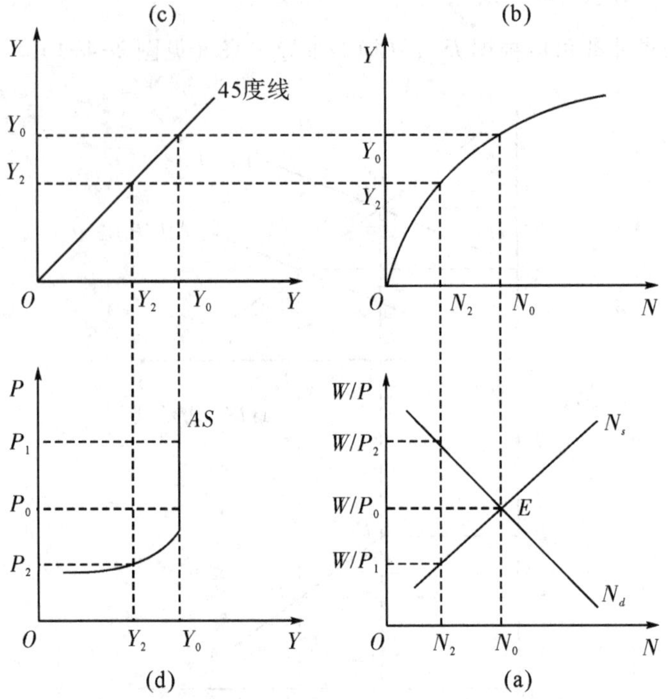

图 2-4-2　凯恩斯主义总供给曲线的推导

图 2-4-2（a）中，劳动供给曲线 N_s 和劳动需求曲线 N_d 相交于均衡点 E，充分就业的实际工资水平和就业量分别为 W/P_0 和 N_0。当 W 不变时，任何大于 P_0 的价格水平都会使实际工资下降到小于 W/P_0 的水平，如 W/P_1；而任何小于 P_0 的价格水平都会使实际工资上升到大于 W/P_0 的水平，如 W/P_2。图 2-4-2（b）是短期生产函数的图形，表示就业量和国民收入之间的关系。就业量为 N 时，相应的国民收入为 Y。图2-4-2(c)中的斜线是一条 45 度线，可以把 Y 的数值从纵轴转换到横轴。图 2-4-2(d) 表示价格 P 与产出 Y 之间的对应关系。当价格为 P_0 时，相应的国民收入为 Y_0，由此在图 2-4-2（d）中我们可以得出 P_0 与 Y_0 的交点。

假如在图 2-4-2（a）中价格上升到 P_1，而货币工资水平 W 不变，实际工资水平 W/P_1 低于 W/P_0，这使劳动的需求大于劳动的价格。这时企业之间会争相雇用劳动者，从而会提高货币工资水平 W。按照假设条件，货币工资的上升不会受到阻挠，货币工资很快会上升到使实际工资水平 W/P_1 等于原有的 W/P_0 的水平。图 2-4-2（a）中 W/P_0 水平的实际工资，其就业量为 N_0。通过图 2-4-2（b）和图 2-4-2（c）转换，与 N_0 对应的国民收入为 Y_0，因此在图 2-4-2（d）中我们得到了 P_0 和 Y_0 的交点。上述这种转换不但适用于 P_1，而且也适用于任何大于 P_0 的价格水平。在价格水平高于 P_0 的情况下，价格水平 P 和国民收入 Y 的交点都在一条垂直线上。这样我们便可以得到图 2-4-2（d）

中的垂直线段。

假如价格水平下降到小于 P_0 的数值 P_2。在货币工资不变的情况下，实际工资 W/P_2 会处于图 2-4-2（a）所示的较高的位置，从而使劳动供给大于劳动需求。根据假设条件，货币工资 W 的下降具有刚性，因此在短期内不会下降。但在 W/P_2 的条件下，企业为了取得最大利润只能雇用 N_2 数量的劳动者。就业量 N_2 通过图 2-4-2（b）和图 2-4-2（c）的转换，与 N_2 对应的国民收入为 Y_2。这样我们得到图 2-4-2（d）中 Y_2 和 P_2 的交点。上述这种情况不但适用于 P_2，而且也适用于任何小于 P_0 的价格水平。因此，我们得到图 2-4-2（d）中向左下方倾斜的线段。把倾斜线段和垂直线段连接在一起便是凯恩斯主义的总供给曲线。

12. 总需求曲线的理论来源是什么？说明总需求曲线为什么向右下方倾斜？

解答：和总需求曲线相对应的总需求函数，表明了对总产量的需求和一般价格水平之间的对应关系。它表示在某个特定的价格水平下，经济社会需要多高水平的总产量。在以价格水平为纵坐标、产出水平为横坐标的坐标系中，总需求函数的几何图形就是总需求曲线。总需求曲线描述了与每一价格水平相对应的均衡的总支出。在凯恩斯主义的总需求理论中，总需求的理论来源主要是产品市场均衡理论和货币市场均衡理论。

总需求曲线向右方倾斜，主要是因为价格水平上升引起的以下几种效应：

（1）利率效应。物价下降导致实际货币供给量增加，*LM* 曲线向右下方移动，利率下降，产品市场投资需求和居民消费需求增加，总需求增加，均衡国民收入增加。

（2）实际余额效应。价格水平下降，使人们所持有的货币以及其他以货币衡量的具有固定价值的资产的实际价值上升，人们会变得相对富裕，于是消费水平相应增加，总需求增加，均衡国民收入增加。

（3）税收的影响。价格水平上升，会使人们的名义收入增加，进入更高的纳税档次，从而使人们的税负增加，可支配收入下降，进而使人们的实际消费水平下降。总需求减少，国民收入降低。

13. 根据 *IS* 曲线方程和 *LM* 曲线方程推导总需求函数，并说明函数中的参数对总需求函数的影响及其经济学含义是什么？

解答：总需求函数表示产品市场和货币市场同时达到均衡时的价格水平和国民收入之间的数量关系。因此，总需求函数可以通过代表产品市场均衡的 *IS* 曲线和代表货币市场均衡的 *LM* 曲线方程得到：

产品市场均衡时 *IS* 曲线方程为：$Y=\dfrac{C_0+I_0-dr}{1-c}$

货币市场均衡时 LM 曲线方程为：$\frac{M}{P}=kY-hr$

在上面两个方程中，如果把收入 Y 和价格水平 P 当作未知数，并且把利率 r 消去，则所求得的解式表示了不同价格水平 P 与不同的总需求量 Y 之间的函数关系。因此，总需求函数为：

$$Y=\frac{(C_0+I_0)h}{h(1-c)+dk}+\frac{dM}{[h(1-c)+dk]P}$$

其中，C_0、c、I_0、d、h、k 分别为自主消费、边际消费倾向、自主投资、投资的利率弹性、货币需求的利率弹性和货币需求的收入弹性，并且它们都为可估参数。由总需求函数的表达式可知，参数 C_0、I_0为自主变量，其变化仅影响总需求曲线的截距，使曲线发生移动，但斜率不变。参数 c、d、h、k 的变化影响总需求曲线的截距和斜率。

14. 总供给曲线的理论来源是什么？怎样理解总供给曲线的斜率通常为正？

解答：总供给为经济社会提供的总产出或国民收入，即经济社会在既定制度和技术条件下，利用其基本资源提供的总的实际收入。总供给曲线描述国民收入与一般价格水平之间的对应关系，是根据短期生产函数和劳动力市场的均衡推导而得到的。因此，总供给曲线的理论来源于短期生产函数和劳动力市场均衡的理论。

总供给曲线的斜率通常为正有以下两种理论解释：

（1）卢卡斯的新古典错觉理论。物价总水平的变动会暂时误导供给者，使供给者对本身的产品价格产生错觉。物价总水平下降时，供给者会误认为是他们自己的产品的相对价格下降了，这种错觉使供给者减少产品的供给。工人们在没有注意到总体物价水平降低时，只是看到名义工资下降了，推论自己的报酬也下降，于是减少劳动供给量。在这两种情况下，低物价水平引起的错觉使供给者对低物价水平的反应是减少物品与劳务的供给量。因此价格下降，产出也下降。

（2）凯恩斯主义的粘性工资理论。凯恩斯及其追随者认为，名义工资在短期内调整缓慢，或者说在短期中是粘性的。物价水平下降时，实际工资就上升，较高工资使企业的实际成本增加，于是减少劳动雇佣，生产较少产品。因此，价格下降，产出也下降。

15. 说明长期总供给曲线的推导过程。

解答：在长期中，人们会得到关于市场价格变化的充分信息，价格和货币工资都具有充分的伸缩性。因此，经济的就业水平就会处在充分就业状态。在不同的价格水平下，当劳动力市场存在超额劳动供给，货币工资就会下降；反之，当劳动力市场存在超额劳动需求时，货币工资就会提高，最后会使实际工资调整到使劳动力市场达到均衡的水平。换句话说，在长期中，经济的就业水平并不随着价格水平的变动而变动，而是始终处在充分就业状态。充分就业时的产量又称潜在产量，即指在现有资本和技术水平条件下，经济社会的潜在就业量所能生产的产量。潜在就业量，即充分就业量，是指一个社会在现有激励条件下所有的愿意就业的人都参与经济活动时所达到的就业量。于是，长期总供给曲线就被看成与古典总供给曲线相同。在长期中，经济的产量水平将位于潜在产量水平或充分就业水平，不受价格变动的影响。因此，在长期中，总供给曲线就是一条位于经济潜在产量水平上的垂直线。

16. 引起总需求曲线移动的原因有哪些？

解答：（1）利率。在其他条件不变的情况下，利率下降，总需求增加，总需求曲线右移。

（2）货币量。在其他条件不变的情况下，货币量增加，总需求增加，总需求曲线右移。

（3）政府支出。在其他条件不变的情况下，政府对物品与劳务的支出增加，总需求增加，总需求曲线右移。

（4）税收与转移支付。在其他条件不变的情况下，税收减少，转移支付增加，总需求曲线右移。

（5）国外收入。在其他条件不变的情况下，国外收入增加，会使国内出口增加，从而使国内总需求增加，总需求曲线右移。

17. 引起总供给曲线移动的原因有哪些？

解答：（1）劳动力。在其他条件不变的情况下，劳动力越多，总供给越多，总供给曲线右移。

（2）资本存量。在其他条件不变的情况下，资本存量增加，总供给增加，总供给曲线右移。

（3）原料价格。在其他条件不变的情况下，原料价格下降，总供给增加，总供给曲线右移。

（4）技术条件。在其他条件不变的情况下，技术改进，总供给增加，总供给曲线右移。

18. 试比较古典 *AD-AS* 模型和修正的凯恩斯 *AD-AS* 模型。

解答：（1）理论背景不同。古典理论坚持萨伊定律，供给能创造自己的需求，经济中生产出来的全部商品都能销售出去，不会有生产过剩，不会出现大量失业，经济正常状态就是充分就业。凯恩斯学派批判了萨伊定律，认为供给不能创造自己的需求。三个基本心理规律的作用造成社会的有效需求不足，必然要出现生产过剩和大量失业，经济的正常状态是低于充分就业，这是区别两个模型的根本前提。

（2）关于总供给曲线。在 *AD-AS* 模型中，两者基本是一致的，都承认产量是就业量的函数，在劳动力市场上，劳动需求和劳动供给都是实际工资的函数。古典 *AD-AS* 模型假定货币工资具有完全的伸缩性，得到的总供给曲线是一条在充分就业状态下的产量水平的垂直线。凯恩斯认为，货币工资具有下降的刚性，得到的总供给曲线是反 L 形或向右上方倾斜的曲线。

（3）关于总需求曲线。在两个模型中，总需求曲线都是向右下方倾斜的曲线，但两者的解释却不同。古典的 *AD-AS* 模型的总需求以货币数量论为基础，只强调货币数量为满足交易需求，与收入无关，即 $M=KY$，式中 K 为系数，Y 为国民收入，M 为货币数量。而凯恩斯的总需求是由消费需求与投资需求构成的，他提出流动偏好规律，强调货币需求由收入和利息决定，即 $L=L_1+L_2$，式中 L 为由流动性偏好引起的货币需求量，L_1 与 L_2 分别表示由收入和利息引起的货币需求量。

（4）关于经济政策思想。按照古典 *AD-AS* 模型，由总供给和总需求决定的均衡产量必然是充分就业的产量，无论总需求水平的高与低，产量均不会发生变化，而随着货币数量的增加，价格水平会不断提高。这样国家对经济生活不必干预和调节，经济具有自动调节的能力，国家只需掌握好货币政策。按照修正的凯恩斯 *AD-AS* 模型，总供给和总需求决定的均衡产量一般低于充分就业的产量，如果国家采用扩张性的货币政策或财政政策，不断提高社会总需求，经济就可以实现充分就业。在达到充分就业时，社会总需求进一步提高将会引起价格水平上涨，出现通货膨胀，如果国家采用紧缩性货币政策或财政政策来降低与压缩社会总需求，就可以消除通货膨胀。因此，在凯恩斯的经济理论中，不管经济是处在非充分就业状态，还是达到充分就业状态，国家对经济生活的干预和调节都是必要的。

19. 总需求-总供给模型的基本内容是什么？

解答：总需求-总供给模型是把总供给曲线和总需求曲线结合在一起，以此说明均衡国民收入和价格水平的决定。总需求曲线上的点表示产品市场和货币市场同时达到均衡时，国民收入与价格水平的各种不同组合。总供给曲线上的点表示当劳动力市场达到均衡时，国民收入（总产出量）与价格水平的关系。因此，当总需求等于总供给，即总需求曲线与总供给曲线相交时，交点对应的国民收入水平和价格水平就是使产品市场、货币市场、劳动力市场同时达到均衡时的国民收入水平和价格水平。总需求-总供给模型不仅说明了在同时考虑三个市场均衡时国民收入的决定，而且还说明了 *IS-LM* 模型无法说明的价格水平的决定。

20. 简单的凯恩斯模型、IS-LM 模型、AD-AS 模型有何内在联系？

解答：简单的凯恩斯模型假设价格不变、利率不变，用乘数理论刻画政策效应。该模型对总产出决定和政策效应的分析实际上是总需求分析。IS-LM 模型坚持价格不变的假设，引入货币因素从而研究利率变动对宏观经济的影响。该模型在利率可变情况下分析总产出的决定。AD-AS 模型放弃了价格不变的假设，加入了劳动力市场，从而引入总供给对宏观经济的影响。该模型在价格可变的情况下分析了总产出和价格水平的决定。

四、计算题

1. 已知总需求曲线为 $Y_D=1\ 000-15P$，总供给曲线为 $Y_S=200+5P$。

（1）求供求平衡点。

（2）如果总供给曲线不变，总需求曲线向右平移 10%，求新的总需求曲线和供求平衡点。

（3）如果总需求曲线不变，总供给曲线向左平移 10%，求新的总供给曲线和供求平衡点。

解答：（1）由 $Y_D=Y_S$，$1\ 000-15P=200+5P$，得供求均衡点为 $P=30$，$Y=400$。

（2）向右平移 10%后的总需求曲线为 $Y_D=1\ 100-15P$。

由 $Y_D=Y_S$，$1\ 100-15P=200+5P$，得供求均衡点为 $P=45$，$Y=425$。

（3）向左平移 10%后的总供给曲线为 $Y_S=180+5P$。

由 $Y_D=Y_S$，$1\ 000-15P=180+5P$，得供求均衡点为 $P=41$，$Y=385$。

2. 已知名义货币供给 M 为 200，价格水平 P 为 1，实际货币需求函数为 $L=0.2Y-4r$。

（1）求货币市场均衡的 LM 曲线方程。

（2）在其他条件不变的情况下，价格水平上升到 1.6，LM 曲线方程如何变化？

解答：（1）货币市场均衡时，$M/P=L$，$200=0.2Y-4r$。

可得 LM 曲线方程为 $Y=1\ 000+20r$。

（2）价格水平上升到 1.6，$M/P=L$，$200/1.6=0.2Y-4r$。

可得 LM 曲线方程为 $Y=625+20r$。

可知价格水平上升会使 LM 曲线向左平移。

3. 设劳动需求函数为 $N_d=500-10\ (W/P)$，名义工资 $W=20$，未达到充分就业时劳动供给弹性无限大，充分就业量为 400。

（1）求 $P=1$ 时的就业状况。

（2）求 $P=2$ 时的就业状况。

（3）当 $P=1$ 时，名义工资 W 降低多少可以实现充分就业？

解答：（1）$P=1$ 时的劳动需求为 $N_d=500-10(20/1)=300$。

劳动供给为400，劳动需求小于劳动供给。

此时的就业状况为就业300，失业100。

（2）$P=2$ 时的劳动需求为 $N_d=500-10(20/2)=400$。

劳动供给为400，劳动需求等于劳动供给。

此时的就业状况为就业400，失业0，达到充分就业。

（3）要实现充分就业，劳动需求 $N_d=500-10(W/1)=100$。

此时名义工资 $W=10$，即降低10可以实现充分就业。

4. 假定经济的短期生产函数为 $Y=10N-0.01N^2$，劳动需求函数 $N_d=100-5\left(\frac{W}{P}\right)$，劳动供给函数 $N_S=20+5\left(\frac{W}{P}\right)$。其中，$W$ 为名义工资，P 为价格水平，W/P 为实际工资。

（1）求均衡就业量、实际工资和对应的短期产出水平。

（2）在货币"刚性"的假设下，若价格水平下降20%，求此时的实际工资、就业量和对应的短期产出水平。

解答：（1）劳动力市场均衡时，$N_d=N_s$，$100-5(W/P)=20+5(W/P)$。

可得实际工资 $W/P=8$，均衡就业量 $N=60$。

短期产出水平 $Y=10N-0.01N^2=564$。

（2）在货币"刚性"的假设下，价格水平下降，名义工资无法下降使实际工资保持不变，因此此时的实际工资 $W/P'=W/0.8P=10$。

对应的就业量为 $N=N_d=100-5(W/P')=50$。

对应的短期产出水平 $Y=10N-0.01N^2=475$。

5. 某两部门经济的消费函数 $C=50+0.6Y$，投资函数 $I=150-4r$，货币需求为 $L=0.4Y-2r$，名义货币供给量 M 为200，价格水平为 P，试推导出该两部门经济的总需求曲线。

解答：产品市场均衡时，$Y=C+I$，$Y=50+0.6Y+150-4r$。

可得 IS 曲线为 $Y=500-10r$。

货币市场均衡时，$M/P=L$，$200/P=0.4Y-2r$。

可得 LM 曲线为 $Y=5r+500/P$。

联立 IS-LM 方程，消去利率 r，得总需求曲线为 $Y=500/3+1\,000/3P$。

6. 假定某三部门经济，消费函数 $C=600+0.8Y_d$，投资函数 $I=100-18r$，政府购买 $G=200$，税收为20%的比例税，货币需求 $L=0.5Y-25r$，名义货币供给 $M=1\,000$，价格水平为 P。

（1）求三部门经济的总需求函数。

（2）当价格水平 $P=1$ 时的产出和利率。

解答：（1）三部门经济的产品市场均衡时，$Y=C+I+G$。

可支配收入 $Y_d=(1-20\%)Y$。

$Y=600+0.8(1-20\%)Y+100-18r+200$。

可得 *IS* 曲线方程：$Y=2\ 500-50r$。

货币市场均衡时，$M/P=L$。

$1\ 000/P=0.5Y-25r$，得 *LM* 曲线为 $Y=50r+2\ 000/P$。

联立 *IS-LM* 方程，消去利率 r，得总需求曲线为 $Y=1\ 250+1\ 000/P$。

（2）当 $P=1$ 时，由总需求曲线可得产出 $Y=2\ 250$。

将 $Y=2\ 250$ 代入 *IS* 曲线方程，得利率 $r=5$。

7. 假设某经济的充分就业水平为 1 200，总供给曲线为倒 L 形，水平部分 $P=2$。消费函数 $C=50+0.8Y$，投资函数 $I=150-4r$，政府购买 $G=100$，货币需求 $L=0.2Y-4r$，名义货币供给 $M=200$，价格水平为 P。

（1）求该经济的总需求曲线和均衡点。

（2）当政府实行扩张性需求政策增加支出 100 时，求该经济的均衡点。

（3）为了不让价格水平上升，政府最多只能增加多少支出？

解答：（1）由产品市场均衡，$Y=C+I+G$，得 *IS* 曲线为 $Y=1\ 500-20r$。

由货币市场均衡，$M/P=L$，得 *LM* 曲线为 $Y=20r+1\ 000/P$。

联立得总需求曲线：$Y=750+500/P$。

其与倒 L 形总供给曲线相交于水平区域，均衡产出为 1 000，价格水平为 2。

（2）当 $G=200$ 时，新的总需求曲线为 $Y=1\ 000+500/P$。

其与倒 L 形总供给曲线相交于垂直区域，均衡产出为 1 200，价格水平为 2.5。

（3）设政府支出增加 g，得总需求曲线为 $Y=750+2.5g+500/P$。

代入 $P=2$，$Y=1\ 200$，得 $g=80$，即为了不让价格水平上升，政府最多只能增加支出 80。

8. 设某经济的消费函数 $C=100+0.8Y_d$，投资函数 $I=10-2r$，政府购买 $G=50$，税收 $T=50$，货币需求函数 $L=0.5Y-5r$，货币供给 $M=100$，价格水平为 P。假设总供给曲线向右上方倾斜，方程为 $Y=100+20P$。

（1）求总需求函数和经济均衡点。

（2）当政府购买和税收都增加到 100 时，求新的经济均衡点。

（3）当货币供给增加到 200 时，求新的经济均衡点。

解答：（1）产品市场均衡时，$Y=C+I+G$。

可支配收入 $Y_d=Y-50$。

$Y=100+0.8(Y-50)+10-2r+50$。

得 IS 曲线方程为 $Y=600-10r$。

货币市场均衡时，$M/P=L$。

$100/P=0.5Y-5r$，得 LM 曲线为 $Y=10r+200/P$。

联立 IS-LM 方程，消去利率 r，得总需求曲线为 $Y=300+100/P$。

联立总需求曲线和总供给曲线，$300+100/P=100+20P$。

得 $P\approx10.5$，$Y\approx310$。

（2）政府购买和税收都增加到 100 时，$Y=100+0.8(Y-100)+10-2r+100$。

得 IS 曲线方程为 $Y=650-10r$。

新的总需求曲线为 $Y=325+100/P$。

联立总需求曲线和总供给曲线，$325+100/P=100+20P$。

得 $P\approx11.5$，$Y\approx330$。

（3）货币供给增加到 200 时，$200/P=0.5Y-5r$，得 LM 曲线为 $Y=10r+400/P$。

新的总需求曲线为 $Y=300+200/P$。

联立总需求曲线和总供给曲线，$300+200/P=100+20P$。

得 $P\approx11$，$Y\approx320$。

9. 设劳动需求函数 $N_d=200-10\left(\frac{W}{P}\right)$，劳动供给函数 $N_s=50+5\left(\frac{W}{P}\right)$，生产函数为 $Y=5K^{0.5}N^{0.5}$，W 为名义工资，P 为价格水平。

（1）假设在长期中，资源充分利用 $K=2\ 500$，求长期总供给曲线。

（2）假设在短期中，资源利用 $K=1\ 600$，且名义工资 $W=20$ 具有刚性，求凯恩斯主义总供给曲线。

（3）求实际工资 $W/P=5$ 时的失业人数与实际产出。

解答：（1）在长期中，劳动力市场处于充分就业状态，$N_d=N_s$，$200-10(W/P)=50+5(W/P)$。

得实际工资 $W/P=10$，劳动供给 $N=100$，产出 $Y=5K^{0.5}N^{0.5}=2\ 500$。

长期总供给曲线为 $Y=2\ 500$。

（2）在短期中，名义工资具有刚性，无法下降，均衡实际工资 $W/P=10$，$W=20$ 时，$P=2$。

在 $P<2$ 时，名义工资 W 无法调整，$W/P>10$，劳动供给超过劳动需求。

实际劳动 $N=N_d=200-10(W/P)=200-200/P$。

此时产出 $Y=5K^{0.5}N^{0.5}=2\ 000\sqrt{2-2/P}$。

在 $P>2$ 时，名义工资 W 可以调整，$W/P=10$，$N=100$。

此时产出 $Y=5K^{0.5}N^{0.5}=2\ 500$。

短期总供给曲线为 $Y=2\ 000\sqrt{2-2/P}$（$P<2$）且 $Y=2\ 500$（$P\geqslant 2$）。

（3）$W/P=5$ 时，劳动需求超过劳动供给。

实际劳动 $N=N_s=75$，失业人数 $n=100-75=25$。

实际产出 $Y=5K^{0.5}N^{0.5}=1\ 000\sqrt{3}$。

10. 设某一三部门的经济中，消费函数为 $C=400+0.8Y$，投资函数为 $I=60-2r$，货币需求函数为 $L=Y-10r$，名义货币供给 M 为 1 000，价格水平为 P，政府购买 $G=100$，税收 $T=100$。在劳动力市场中，劳动需求函数 $N_d=100-3\left(\frac{W}{P}\right)$，劳动供给函数 $N_s=40+2\left(\frac{W}{P}\right)$。长期生产函数 $Y=5K^{0.5}N^{0.5}$。

（1）求总需求函数。

（2）若在长期中，生产资本 $K=1\ 000$，求长期总供给曲线。

（3）求此经济社会长期的均衡产出和价格水平。

解答：（1）由产品市场均衡，$Y=C+I+G$。

得 IS 曲线为 $Y=2\ 400-10r$。

由货币市场均衡，$M/P=L$。

得 LM 曲线为 $Y=10r+1\ 000/P$。

联立得总需求曲线为 $Y=1\ 200+500/P$。

（2）长期中劳动力市场达到均衡，$N_d=N_s$，$100-3(W/P)=40+2(W/P)$。

得实际工资 $W/P=12$，均衡就业量 $N=64$。

长期中生产资本 $K=1\ 000$，则长期产出 $Y=2K^{0.5}N^{0.5}=1\ 600$。

长期总供给曲线 $Y=1\ 600$。

（3）联立总需求曲线和长期总供给曲线，$1\ 200+500/P=1\ 600$。

得价格水平 $P=1.25$，此经济社会长期的均衡产出 $Y=1\ 600$。

第五章

失业、通货膨胀和经济周期 参考答案

一、单项选择题

1. C	2. A	3. B	4. B	5. B	6. C	7. B	8. D	9. D	10. D
11. D	12. C	13. B	14. C	15. D	16. D	17. D	18. D	19. B	20. A
21. A	22. C	23. B	24. D	25. D	26. B	27. C	28. B	29. D	30. D
31. B	32. D	33. D	34. B	35. A	36. C	37. B	38. D	39. B	40. A
41. C	42. C	43. C	44. B	45. C	46. A	47. D	48. B	49. B	50. D
51. D	52. B	53. A	54. C	55. D	56. B	57. A	58. C	59. D	60. C
61. A	62. B	63. D	64. B	65. D	66. A	67. C	68. B	69. B	70. A
71. C	72. B	73. B	74. C	75. D	76. A	77. D	78. D	79. B	80. C
81. B	82. D								

二、判断题

1. F	2. T	3. F	4. F	5. F	6. F	7. F	8. F	9. T	10. T
11. T	12. T	13. F	14. F	15. T	16. F	17. F	18. T	19. F	20. T
21. T	22. T								

三、简答题

1. 何谓失业？根据劳动者的主观愿望，失业者分为哪些类型？凯恩斯认为，哪种类型的失业者是“真正意义上的失业者”？

解答：（1）失业指处于法定劳动年龄阶段、具有劳动能力、有工作意愿、努力寻找工作岗位但未得到工作机会的经济现象。

（2）根据劳动者的主观愿望，失业者分为自愿失业者和非自愿失业者。

（3）根据凯恩斯的观点，只有非自愿失业者才是“真正意义上的失业者”。

2. 根据效率工资理论，如何解释失业原因？

解答：（1）效率工资理论认为，一些企业为了得到更能干的工人和让工人更努力干活，愿意为工人提供比劳动力市场出清水平更高的工资标准。

（2）由于效率工资的存在，劳动力市场处于劳动供给大于劳动需求的情况，从而导致失业。

3. 根据劳动工资合同理论，如何解释失业原因？

解答：（1）劳动工资合同存在着时间间隔，无法随时进行灵活调整。

（2）工资水平无法进行灵活调整，将会导致劳动力市场可能出现不出清情况，即失业。

4. 失业率上升将会对政府部门造成什么影响？为什么？

解答：（1）失业率上升将会引起社会总产出减少，从而导致政府收入减少。

（2）大量失业者将会引起社会秩序不稳定，从而导致政府维稳成本增加。

（3）失业率上升将会导致经济不景气，影响社会公众信心。

5. 成本推动型通货膨胀包括哪些类型？

解答：（1）工资推动型通货膨胀，即企业工资成本上升导致企业产品价格上升。

（2）利润推动型通货膨胀，即企业为追求更高利润而导致企业产品价格上升。

（3）进口型通货膨胀，即进口原材料价格上升引起生产领域和流通领域的连锁反应，从而导致物价上涨。

6. 何谓“皮鞋成本”和“菜单成本”？

解答：（1）“皮鞋成本”意味着，人们倾向于把手中的货币资产转换为实物资产。这个转换过程需要消耗资源，但不能带来更高产出。由此丧失的更高产出就是“皮鞋成本”。

（2）“菜单成本”意味着人们进行价格调整需要付出的代价。

7. 未被预料到的通货膨胀将会产生哪些“再分配效应”？

解答：（1）收入再分配效应，即工资收入阶层受损，利润收入阶层受益。

（2）财富再分配效应，即穷人受损，富人受益。

（3）债权债务再分配效应，即债权人受损，债务人受益。

8. 菲利普斯曲线与总供给曲线的关系如何？两者之间的转换通过什么定律来实现？

解答：（1）菲利普斯曲线与总供给曲线的实质相同，前者表明失业率与通货膨胀率呈反向变动关系，后者表明总产出与一般价格呈同向变动关系。

（2）两者之间通过奥肯定律来转换，即以经济增长率（总产出增长率）代替失业率。

9. 短期菲利普斯曲线与长期菲利普斯曲线的差异？

解答：（1）短期菲利普斯曲线向右下方倾斜，表明失业率与通货膨胀率的反向变动关系。

（2）长期菲利普斯曲线是竖直的，表明失业率与通货膨胀之间不存在替代关系。

10. 经济周期分为哪些阶段？

解答：（1）根据波动幅度，经济周期分为扩张阶段和收缩阶段。

（2）扩张阶段分为复苏和繁荣。

（3）收缩阶段分为衰退和萧条。

四、计算题

1. 假定某地区的工作年龄阶段人口为400人，目前劳动力人口为300人，就业者人口为270人，该地区的劳动参与率和失业率分别为多少？

解答：（1）劳动参与率 $= \frac{\text{劳动力人口}}{\text{工作年龄阶段人口}} \times 100\% = \frac{300}{400} \times 100\% = 75\%$。

（2）失业率 $= \frac{(\text{劳动力人口}-\text{就业者人口})}{\text{劳动力人口}} \times 100\% = \frac{(300-270)}{300} \times 100\% = 10\%$。

2. 假定某地区的劳动年龄阶段人口为5 000人，其中1 000人不在劳动人口范围，200人为失业者。该地区的劳动参与率与失业率分别为多少？

解答：（1）劳动参与率 $= \frac{\text{劳动力人口}}{\text{工作年龄阶段人口}} \times 100\% = \frac{5\,000-1\,000}{5\,000} \times 100\% =$ 80%。

（2）失业率 $= \frac{\text{失业者人口}}{\text{劳动力人口}} \times 100\% = \frac{200}{5\,000-1\,000} \times 100\% = 5\%$。

3. 假设经济中的菲利普斯曲线 $\pi_t = \pi_{t-1} - 0.5(u-0.06)$

（1）该经济的自然失业率是多少？

（2）为使通货膨胀减少5个百分点，必须有多少周期性失业？

解答：（1）当 $\pi_t = \pi_{t-1}$ 时，自然失业率 $u^* = u = 6\%$。当经济的通货膨胀既不加速也不减速时，失业率即为自然失业率，即6%。

（2）由题意可知，为使通货膨胀减少5个百分点，$0.5(u-0.06)$ 就要增加5个百分点，则 $(u-0.06)$ 要增加10个百分点。因此，为使通货膨胀减少5个百分点，必须有16%的周期性失业。

4. 假定一个经济体系只生产两种产品：咖啡和茶叶。2017 年、2018 年、2019 年的两种产品的价格和产量分别如表 2-5-1 和表 2-5-2 所示。以 2017 年为基准年（单位略）。

（1）2018 年的名义 GDP 是多少？

（2）2018 年的实际 GDP 是多少？

表 2-5-1 两种产品的价格

年份	价格	
	咖啡	茶叶
2017	3	2
2018	3.5	2.5
2019	4	3

表 2-5-2 两种产品的产量

年份	产量	
	咖啡	茶叶
2017	100	120
2018	150	140
2019	200	180

解答：（1）2018 年的名义 GDP $=3.5\times150+2.5\times140=875$。

（2）2018 年的实际 GDP $=3\times150+2\times140=730$。

5. 假定一个经济体系只生产两种产品：面包和可乐。2017 年、2018 年、2019 年的两种产品的价格和产量分别如表 2-5-3 和表 2-5-4 所示。以 2017 年为基准年（单位略）。

（1）2018 年的 CPI 是多少？

（2）2018 年的通货膨胀率是多少？

表 2-5-3 两种产品的价格

年份	价格	
	面包	可乐
2017	2.4	1.8
2018	2.6	1.9
2019	2.8	2

表 2-5-4 两种产品的产量

年份	产量	
	面包	可乐
2017	200	150
2018	300	160
2019	400	170

解答：（1）2018 年的 CPI $=\frac{2.6\times200+1.9\times150}{2.4\times200+1.8\times150}\times100=107.3$。

（2）2018 年的通货膨胀率 $=\frac{107.3-100}{100}\times100\%=7.3\%$。

6. 假定一个经济体系只生产两种产品：面包和可乐。2017 年、2018 年、2019 年的两种产品的价格和产量分别如表 2-5-5 和表 2-5-6 所示。以 2017 年为基准年（单位略）。

（1）2018 年的 CPI 是多少？

（2）2019 年的 CPI 是多少？

（3）2019 年的通货膨胀率是多少？

表 2-5-5　两种产品的价格

年份	价格	
	面包	可乐
2017	2.4	1.8
2018	2.6	1.9
2019	2.8	2

表 2-5-6　两种产品的产量

年份	产量	
	面包	可乐
2017	200	150
2018	300	160
2019	400	170

解答：（1）2018 年的 CPI $=\dfrac{2.6\times200+1.9\times150}{2.4\times200+1.8\times150}\times100=107.3$。

（2）2019 年的 CPI $=\dfrac{2.8\times200+2\times150}{2.4\times200+1.8\times150}\times100=114.7$。

（3）2019 年的通货膨胀率 $=\dfrac{114.7-107.3}{107.3}\times100\%=6.9\%$。

7. 假定一个经济体系只生产两种产品：面包和可乐。2017 年、2018 年、2019 年的两种产品的价格和产量分别如表 2-5-7 和表 2-5-8 所示。以 2017 年为基准年（单位略）。

（1）2018 年的名义 GDP 是多少？

（2）2018 年的实际 GDP 是多少？

（3）2018 年的 GDP 平减指数是多少？

表 2-5-7　两种产品的价格

年份	价格	
	面包	可乐
2017	2.4	1.8
2018	2.6	1.9
2019	2.8	2

表 2-5-8　两种产品的产量

年份	产量	
	面包	可乐
2017	200	150
2018	300	160
2019	400	170

解答：（1）2018 年的名义 GDP $=2.6\times300+1.9\times160=1\,084$。

（2）2018 年的实际 GDP $=2.4\times300+1.8\times160=1\,008$。

（3）2018 年的 GDP 平减指数 $=\dfrac{1\,084}{1\,008}\times100=107.5$。

8. 假定一个经济体系只生产两种产品：面包和可乐。2017 年、2018 年、2019 年的两种产品的价格和产量分别如表 2-5-9 和表 2-5-10 所示。以 2018 年为基准年（单位略）。

（1）购买 2018 年产品花费的 2018 年名义费用为多少？

（2）购买 2018 年产品花费的 2019 年名义费用为多少？

（3）2019 年的 CPI 是多少？

表 2-5-9　两种产品的价格

年份	价格	
	面包	可乐
2017	2.4	1.8
2018	2.6	1.9
2019	2.8	2

表 2-5-10　两种产品的产量

年份	产量	
	面包	可乐
2017	200	150
2018	300	160
2019	400	170

解答：（1）购买 2018 年产品花费的 2018 年名义费用 $=2.6\times300+1.9\times160=1\ 084$。

（2）购买 2018 年产品花费的 2019 年名义费用 $=2.8\times300+2\times160=1\ 160$。

（3）以 2018 年为基准年，2019 年的 CPI $=\dfrac{1\ 160}{1\ 084}\times100=107.0$。

9. 假定 2018 年的 CPI 为 180，2019 年的 CPI 为 190。

（1）2019 年的通货膨胀率为多少？

（2）如果某人 2018 年的收入为 80 000 元，为了使其收入的实际购买力保持不变，2019 年的收入应该为多少元？

解答：（1）2019 年的通货膨胀率 $=\dfrac{190-180}{180}\times100\%=5.6\%$。

（2）为了使其购买力保持不变，2019 年的收入 $=80\ 000\times(1+5.6\%)=84\ 480$（元）。

10. 根据奥肯定律 $\dfrac{Y-Y_f}{Y_f}=-3\times(u-u^*)$，如果自然失业率为 4%，潜在产出为 800 万亿元。

（1）当实际产出为 700 万亿元时，实际失业率为多少？

（2）当实际失业率为 5%时，实际产出为多少？

解答：（1）根据条件，$\dfrac{700-800}{800}=-3\times(u-4\%)$，由此得到实际失业率 $u=8.2\%$。

（2）根据条件，$\dfrac{Y-800}{800}=-3\times(5\%-4\%)$，由此得到实际产出 $Y=776$ 万亿元。

五、论述题

1. 根据西方经济学的基本理论，通货膨胀可以分为哪些类型？如何解释通货膨胀的成因？

解答：（1）根据通货膨胀的程度大小不同，通货膨胀可以分为爬行通货膨胀、温和通货膨胀、两位数通货膨胀、奔腾通货膨胀、恶性通货膨胀。

（2）根据通货膨胀的产生原因不同，通货膨胀可以分为需求拉动型通货膨胀、成本推动型通货膨胀、结构型通货膨胀。

（3）通货膨胀的主要原因包括：第一，货币数量论的解释，货币供给数量超过货币需求数量。第二，需求拉动型通货膨胀，分为瓶颈型通货膨胀和过多货币追求过少商品。第三，成本推动型通货膨胀，分为工资推动型通货膨胀和利润推动型通货膨胀。第四，结构型通货膨胀。

2. 在通货膨胀时期，哪些人受益？哪些人受损？请结合现实详细分析。

解答：这被称为通货膨胀的再分配效应。根据收入再分配效应，工薪收入阶层受损，利润收入阶层受益。根据财富再分配效应，穷人受损，富人受益。根据债权债务再分配效应，债权人受损，债务人受益；家庭受损，政府和企业受益。

3. 对于全社会、政府、家庭来说，失业将会分别产生哪些负面影响？

解答：（1）对于全社会，主要依据奥肯定律，失业将会降低社会总产出。

（2）对于政府，失业将会引起政府收入下降、政府支出增加、社会秩序混乱。

（3）对于家庭，失业将会引起家庭收入下降、个人信心丧失、劳动技能退步。

4. 根据凯恩斯主义的观点，当经济体系处于“充分就业”状态时，为什么失业率不为零？

解答：（1）根据凯恩斯主义的观点，当周期性失业彻底消除时，可以近似认为已经实现充分就业。

（2）采取凯恩斯主义政策之后，周期性失业能够被有效消除，但摩擦性失业和结构性失业无法被有效消除，它们是经济体系的失业“硬核”。

5. 根据乘数-加速数原理，如何解释经济周期的形成原因？

解答：（1）根据乘数原理，当投资增加时，产出将会以更大的倍数增加。

（2）根据加速数原理，当产出增加时，家庭收入增加；在边际消费倾向递减的作用机制下，平均消费倾向将会下降，平均储蓄倾向将会上升，从而带来更大倍数的投资增加。

（3）在乘数原理和加速数原理的综合作用下，经济体系将会累积性扩张，或者累积性收缩。

第六章
开放条件下的宏观经济学参考答案

一、单项选择题

1. D	2. C	3. B	4. A	5. B	6. C	7. C	8. D	9. A	10. A
11. C	12. D	13. C	14. A	15. D	16. B	17. D	18. A	19. A	20. A
21. C	22. C	23. D	24. B	25. C	26. A	27. B	28. B	29. D	30. C
31. D	32. C	33. A	34. A	35. B	36. D	37. C	38. D	39. C	40. A

二、判断题

1. T	2. F	3. F	4. T	5. T	6. T	7. T	8. F	9. T	10. T
11. F	12. F	13. F	14. T	15. T	16. F	17. F	18. F	19. T	20. F
21. F	22. F	23. F	24. F	25. T	26. F	27. T			

三、简答题

1. 什么是名义汇率和实际汇率？两者之间存在什么样的关系？

解答：名义汇率(e)为两国货币兑换的比率，实际汇率(q)为两国商品和服务交换的比率。两者的关系为实际汇率$(q)=\frac{ep_f}{p}$。

2. 什么是马歇尔-勒纳条件？本币贬值对贸易收支影响的三个阶段分别是什么？

解答：当出口商品的需求弹性和进口商品的需求弹性之和大于 1 时，本币贬值可以提高该国的净出口。本币贬值对净出口的改善存在时滞，会经历货币合同阶段、传导阶段和数量调整阶段。

3. 什么是 J 曲线效应？画图分析 J 曲线效应的发生过程。

解答：本币贬值对贸易收支改善的时间滞后效应称为 J 曲线效应。本币贬值对净出口的改善存在时滞，会经历货币合同阶段、传导阶段和数量调整阶段。货币合同阶段：进出口商品的价格和数量不会因贬值而发生变化，以外币表示的贸易差额就取决于进出口合同所使用的计价货币。如果进口合同以外币计值，出口合同以本币计值，那么本币贬值会恶化贸易收支。传导阶段：由于存在种种原因，进出口商品的价格开始发生变化，且数量没有大的变化，国际收支会继续恶化。数量调整阶段：数量和价格同时调整，且数量变化大于价格变化，国际收支状况开始改善，最终形成顺差（见图 2-6-1）。

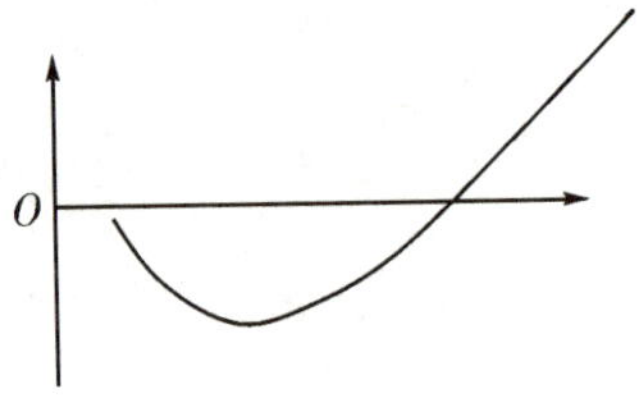

图 2-6-1　J 曲线效应

4. 简述 BP 曲线的三种形状。

解答：（1）当资本完全流动时（$\sigma\to\infty$），BP 曲线斜率 $\gamma/\sigma\to0$，BP 曲线为水平线。

（2）当资本完全不流动时（$\sigma=0$），BP 曲线斜率 $\gamma/\sigma\to\infty$，BP 曲线为垂直线。

（3）当资本不完全流动时（$\sigma>0$），BP 曲线斜率 $\gamma/\sigma>0$，BP 曲线是斜率为正的曲线。

5. 在资本完全流动条件下，简述固定汇率制下扩张性货币政策的效应。

解答：资本完全流动条件下，$r=r^*$，货币供给量的提高导致 LM^* 曲线右移，短期国民收入提高。同时扩张性货币政策使国内利率下降，引起资本外流，对汇率产生下降的压力。为了维持固定汇率，央行不得不减少货币供给，使 LM^* 曲线回到原来的位置。因此，均衡收入水平不变，货币政策无效。

6. 在浮动汇率的蒙代尔-弗莱明模型中，政府购买支出增加和央行增加货币供给对国民收入、汇率、消费、投资以及净出口产生什么影响？

解答：（1）政府购买支出增加，引起 IS^* 曲线右移，引起汇率上升，国民收入不变，消费不变，投资不变，净出口下降。

（2）货币供给增加使得 LM^* 曲线右移，汇率下降，国民收入增加，消费增加，投资不变，净出口增加。

7. 在浮动汇率的蒙代尔-弗莱明模型中，如果一个小国政府想要提高本国的净出口，该国可以采用哪些宏观经济政策?

解答：(1) 可以采用扩张性的货币政策。

(2) 采取紧缩性的财政政策。

四、计算题

1. 假设一国的储蓄为 $S=100r$，投资函数为 $I=20-100r$。

(1) 如果该国是封闭经济体，求利率、储蓄、投资和经常项目的均衡值。

(2) 如果这是一个开放经济小国，世界利率为 8%，求储蓄、投资和经常项目的值。

解答：(1) 封闭经济均衡条件 $S=I$，$100r=20-100r$，$r=0.1$，$S=10$，$I=10$，$CA=0$。

(2) $S=100\times0.08=8$，$I=20-100\times0.08=12$，$CA=S-I=-4$。

2. 假设一小国开放经济，世界利率 $r^*=5$，货币需求为 $L=0.2Y-5r$，货币供给量为 300 亿元，价格水平 $P=2$，消费函数为 $C=100+0.8Y_d$，税收 $T=100$ 亿元，投资 $I=120-2r$ 亿元，政府购买支出 $G=100$ 亿元，净出口函数为 $NX=1\,000-0.6Y-2e$。

(1) 求 IS 曲线和 LM 曲线方程。

(2) 求均衡收入、汇率和净出口。

(3) 如果该国是浮动汇率制国家，政府购买支出增加到 200 亿元时，求均衡收入、汇率和净出口。

解答：(1) IS 曲线方程：$Y=C+I+G+NX=100+0.8(Y-100)+120-2\times5+100+1\,000-0.6Y-2e$，$Y=1\,537.5-2.5e$。

LM 曲线方程：$300/2=0.2Y-5r$，$Y=875$。

(2) 均衡时，$Y=875$，$e=265$，$NX=1\,000-0.6\times875-2\times265=-55$。

(3) IS 方程：$Y=C+I+G+NX=100+0.8(Y-100)+120-2\times5+200+1\,000-0.6Y-2e$，$Y=1\,662.5-2.5e$。

均衡时，$Y=875$，$e=315$，$NX=1\,000-0.6\times875-2\times315=-155$。

3. 依据上题条件，如果世界利率提高，$r=10$，求均衡总收入、汇率及净出口。

解答：IS 曲线方程：$Y=C+I+G+NX=100+0.8(Y-100)+120-2\times10+100+1\,000-0.6Y-2e$，$Y=1\,525-2.5e$。

LM 曲线方程：$300/2=0.2Y-5r$，$Y=1\,000$。

均衡时，$Y=1\,000$，$e=100.8$，$NX=1\,000-0.6\times1\,000-2\times100.8=198.4$。

4. 假设某一小国开放经济，世界利率 $r^{*}=2$，消费函数为 $C=80+0.8Y_d$，投资函数为 $I=20-5r$，货币需求函数为 $L=0.4Y-10r$，政府购买支出为 $G=20$，税收 $T=0.25Y$，净出口函数为 $NX=500-0.1Y-2e$，名义货币供给量 $M=100$，价格水平为 1，Y_d是可支配国民收入，Y 是国民收入。

（1）均衡国民收入、汇率和净出口各为多少？

（2）如果该国是固定汇率制国家，政府购买支出增加到 40，求央行货币供给量、均衡收入、汇率和净出口。

（3）如果该国是浮动汇率制国家，货币供给量增加到 120，求均衡收入、汇率和净出口。

解答：（1）$Y=C+I+G+NX=80+0.8(Y-0.25Y)+20-2\times5+20+500-0.1Y-2e$，$IS$ 曲线方程为 $Y=1\ 220-4e$。

$100=0.4Y-10\times2$，LM 曲线方程为 $Y=300$。

均衡时，$Y=300$，$e=230$，$NX=500-0.1\times300-2\times230=10$。

（2）$Y=C+I+G+NX=80+0.8(Y-0.25Y)+20-2\times5+40+500-0.1Y-2e$，$IS$ 曲线方程为 $Y=1\ 260-4e=1\ 260-4\times230=340$。

$M=0.4\times340-10\times2=116$，$LM$ 曲线方程为 $Y=300$。

均衡时，$M=116$，$Y=340$，$e=230$，$NX=500-0.1\times340-2\times230=6$。

（3）$Y=C+I+G+NX=80+0.8(Y-0.25Y)+20-2\times5+20+500-0.1Y-2e$，$IS$ 曲线方程为 $Y=1\ 220-4e$。

$120=0.4Y-10\times2$，LM 曲线方程为 $Y=350$。

均衡时，$Y=350$，$e=217.5$，$NX=500-0.1\times300-2\times217.5=35$。

5. 依据上题条件，假设该国是固定汇率制国家，如果该国想要提高本国净出口水平，实行进口配额政策，使得进口量减少 100。

（1）该国货币供给量、均衡收入、汇率和净出口是多少？

（2）如果该国是浮动汇率制，该国均衡收入、汇率和净出口又是多少？

解答：（1）$Y=C+I+G+NX=80+0.8(Y-0.25Y)+20-2\times5+20+500-0.1Y-2e+100$，$IS$ 曲线方程为 $Y=1\ 420-4\times230=500$，LM 曲线方程为 $M=0.4\times500-10\times2=180$。

均衡时，$M=180$，$Y=500$，$e=230$，$NX=500-0.1\times500-2\times230+100=90$。

（2）$Y=C+I+G+NX=80+0.8(Y-0.25Y)+20-2\times5+20+500-0.1Y-2e+100$，$IS$ 曲线方程为 $Y=1\ 420-4e$。

$100=0.4Y-10\times2$，LM 曲线方程为 $Y=300$。

均衡时，$Y=300$，$e=280$，$NX=500-0.1\times300-2\times280+100=10$。

五、论述题

1. 在蒙代尔-弗莱明框架下，假设某一开放的小国政府通过设置进口配额或征收关税来减少进口。请回答如下问题：

（1）在固定汇率制度下，作图分析上述贸易政策如何影响收入和汇率。

（2）在浮动汇率制度下，作图分析上述政策如何影响收入和汇率。

解答：（1）在固定汇率制度下，进口配额政策会使进出口增加，IS^* 曲线右移，因此汇率有上升的压力。为了维持固定汇率，中央银行增加货币供给，LM^* 曲线右移，使得汇率逐步下降，最终恢复到原来的水平。新均衡时，汇率不变，收入增加。

（2）在浮动汇率制度下，进口配额政策会使进出口增加，IS^* 曲线右移。因此汇率上升。新均衡时，汇率提高，收入不变。（图略）

2. 请利用蒙代尔-弗莱明模型分析世界利率提高对小型开放经济体均衡收入、汇率及净出口的影响。

解答：世界利率提高，使得货币市场均衡的收入增加，LM^* 曲线右移，均衡收入提高，汇率降低，净出口增加。

3. 20 世纪大萧条时期，世界主要经济体都经历了生产和就业的大幅下降。但不同国家政府采取了不同的政策。法国、德国、意大利等国家维持了金本位制下的固定汇率，丹麦、芬兰、挪威、英国等国家为每单位通货支付的黄金量减少了 50%左右。请利用蒙代尔-弗莱明模型分析这两类国家的不同政策对经济的影响。

解答：依据蒙代尔-弗莱明模型，浮动汇率之下，扩张性的货币政策能使本币贬值，从而促进出口和产出增加。丹麦等国为每单位本国通货支付的黄金量减少 50%左右，通过减少通货的含金量使本币贬值，没有维持原来的固定汇率。因此，汇率下降，出口和产出增加，经济很快恢复正常。法国等国家仍然维持原来的固定汇率，经济走出衰退需要花更长的时间。

4. 如果消费者对未来经济增长缺乏信心，导致消费者和企业减少消费和投资。请利用蒙代尔-弗莱明模型分析在固定汇率和浮动汇率条件下，以上现象对总收入、汇率和净出口产生什么影响？

解答：（1）在固定汇率制度下，IS^* 曲线左移，汇率下降，为了维持汇率，减少货币供给，LM^* 曲线左移。总收入减少，汇率和净出口不变。

（2）在浮动汇率制度下，汇率下降，净出口增加，总收入不变。

5. 假设固定汇率制下的小型开放经济的产出水平低于充分就业水平，同时贸易平衡。如果该国政府想通过宏观政策促进本国产出达到充分就业水平，其仍保持贸易平衡，那么政府应该采取什么财政政策和货币政策？

解答：政府应该采取扩张性的财政政策和扩张性的货币政策。首先，采用扩张性的财政政策，IS^* 曲线右移，汇率上升。其次，采取扩张性的货币政策，LM^* 曲线右移，使得汇率下降，恢复到原来的水平。最终，产出增加，贸易平衡。

6. 蒙代尔-弗莱明模型是分析开放经济的经典模型。请阐述该模型的假设条件、基本结论以及对我国宏观经济政策制定的启示。

解答：（1）假设条件。第一，价格在短期内不变，社会产出完全由有效需求决定；第二，实际货币需求与收入正相关，与实际利率负相关；第三，商品和资本可以在国际上完全自由流动，从而消除了国内市场和世界市场的利率差别，国内市场利率等于世界利率。

（2）基本结论。在固定汇率制度下，财政政策或贸易政策对本国收入和国际收支产生影响，货币政策无效；在浮动汇率制度下，货币政策对本国收入和国际收支产生影响，财政政策无效。

（3）我国是大国，资本不能完全流动，实行的是有管理的浮动汇率制度，这些情况与模型的假设有所不同，但我们仍可以从该模型中获得启示。在有管理的浮动汇率制度下，在汇率可以浮动的范围内，我国可以采用货币政策应对来自国外经济增长或贸易政策对我国经济的冲击（净出口的改变）；同时，我国可以应对来自本国需求不足的冲击（IS^* 曲线的移动）。在汇率波动超出了一定范围的情况下，我国会干预汇率市场，使汇率在允许的范围内波动。因此，财政政策和贸易政策也能对我国产出及净出口产生影响。

7. 如果某一大国实行保护贸易政策，提高某一小国的进口关税，请利用蒙代尔-弗莱明模型结合图形分析这一政策对该小国的收入、汇率以及净出口的影响。

解答：需要区分该小国的汇率制度。

（1）如果该小国是固定汇率制国家，大国提高关税使小国进出口减少，IS^* 曲线左移，汇率有下降趋势，该国政府为维持汇率，减少货币供给，LM^* 曲线左移，经济恢复均衡。但收入下降，进出口减少，汇率不变。

（2）如果该小国是浮动汇率制国家，大国提高关税使小国进出口减少，IS^* 曲线左移，汇率下降，又促使该国出口增加。新均衡时，收入不变，净出口不变，汇率下降。（图略）

第七章

宏观经济政策参考答案

一、单项选择题

1. B	2. C	3. B	4. B	5. D	6. D	7. B	8. D	9. C	10. D
11. B	12. C	13. B	14. C	15. A	16. A	17. A	18. B	19. A	20. B
21. C	22. D	23. D	24. C	25. A	26. B	27. A	28. B	29. C	30. C
31. B	32. B	33. C	34. B	35. A	36. B	37. A	38. A	39. C	40. C
41. D	42. D	43. D	44. C	45. A	46. D	47. B	48. A	49. D	50. D
51. A	52. B	53. C	54. A	55. C	56. C	57. A	58. A	59. A	60. A
61. A	62. D	63. A	64. D	65. C	66. B	67. A	68. D	69. B	70. D
71. C	72. D								

二、判断题

1. F	2. T	3. F	4. F	5. T	6. F	7. T	8. F	9. F	10. T
11. T	12. T	13. T	14. F	15. F	16. T	17. T	18. F	19. F	20. F
21. T	22. F	23. T	24. F	25. F	26. F	27. T	28. T	29. F	30. T
31. T	32. T	33. T	34. F	35. T	36. T	37. T	38. F	39. T	

三、简答题

1. 政府的自动稳定器政策包括哪些内容?

解答:(1)失业保障机制。

(2)农产品价格维持机制,即农户收入补贴和农产品价格补贴。

(3)所得税机制。

2. 请阐释“公债原理”的基本内容。

解答:公债原理就是指政府通过发行公债的方式,向私人部门募集资金,以弥补政府部门的收支缺口。

3. 影响财政政策效力的因素有哪些?

解答:(1)政策时滞,即发现问题的时点和采取政策措施解决问题的时点不一致,将会削弱政策效果。

(2)利益集团的阻挠。

(3)预期因素。

(4)挤出效应,即政府支出增加将会引起私人支出减少。

4. 根据凯恩斯主义的观点,请阐述发行公债的合理性。

解答:(1)根据债权债务关系,公债最终债权人是公众,公债最终债务人也是公众,因此没有实质的债务负担存在。

(2)根据公债募集资金的用途,如果发行公债募集的资金用于反衰退,则是合理的;如果发行公债募集的资金用于战争,则是不合理的。

5. 简述“货币创造机制”的基本含义。

解答:(1)商业银行在提取银行储备金之后,剩余部分货币才能作为贷款。

(2)企业在获得这些贷款之后,把这些货币又存到银行。

(3)银行得到存款之后,再次提取银行储备金,然后又把剩余货币贷放出去。

(4)最终通过银行体系的贷款和存款活动,使得中央银行新增货币发行量产生比它更大的货币供给规模。

6. 如何采用公开市场业务的货币政策工具,以改变社会公众手中的货币数量?

解答:(1)当中央银行向公众卖出国债时,社会公众将会付出货币而得到国债,将使得社会公众手中的货币数量减少。

(2)当中央银行向公众回购国债时,社会公众将会付出国债而得到货币,将使得社会公众手中的货币数量增加。

7. 简述挤出效应的含义。

解答：（1）当政府投资支出增加时，将会使得私人投资支出减少。这意味着，政府投资支出将私人投资支出挤出去。

（2）直接挤占意味着当政府部门开展一个投资项目时，那么私人部门就无法再次进行这个投资项目。

（3）间接挤占意味着当政府部门增加投资支出时，将会引起可贷资金市场的利率上升，进而导致私人投资动机下降。

8. 请简述中央银行如何调整法定准备金率，以改变公众手中的货币数量。

解答：（1）当中央银行提高法定准备金率时，商业银行需要的银行储备金增加，从而使能够贷放出去的货币数量减少，进而减少公众手中的货币数量。

（2）当中央银行降低法定准备金率时，商业银行需要的银行储备金减少，从而使能够贷放出去的货币数量增加，进而增加公众手中的货币数量。

9. 请简述“三大货币政策工具”的内容。

解答：（1）法定准备金率。当中央银行提高法定准备金率时，货币供给数量减少。

（2）公开市场业务。当中央银行回购公众手中的国债时，货币供给数量增加。

（3）再贴现率。当中央银行提高再贴现率时，货币供给数量减少。

10. 简述货币政策影响社会总产出的作用机制。

解答：（1）如果中央银行采取扩张性货币政策，将会引起货币供给增加；在货币需求不变的条件下，这将会导致利率下降，进而使私人投资增加，最终引起社会总产出增加。

（2）如果中央银行采取紧缩性货币政策，将会引起货币供给减少；在货币需求不变的条件下，这将会导致利率上升，进而使私人投资减少，最终引起社会总产出减少。

四、计算题

1. 在其他因素不变的条件下，如果政府购买增加 50 亿元，将会引起均衡产出增加 120 亿元。

（1）政府购买乘数是多少？

（2）此时的边际消费倾向是多少？

解答：（1）政府购买乘数 $=\dfrac{\text{均衡产出增加数量}}{\text{政府购买增加数量}}=\dfrac{120}{50}=2.4$。

（2）假设此时的边际消费倾向为 b，那么根据上式结果，$\dfrac{1}{1-b}=2.4$。

由此得到边际消费倾向 $b=1-\frac{1}{2.4}=1-\frac{5}{12}=\frac{7}{12}\approx 0.58$。

2. 如果边际消费倾向为0.6，在其他因素不变的条件下：

（1）税收乘数是多少？

（2）政府税收必须减少多少，才能使均衡产出增加50亿元？

解答：（1）税收乘数$=\frac{-\text{边际消费倾向}}{1-\text{边际消费倾向}}=\frac{-0.6}{1-0.6}=-1.5$。

（2）根据题意，$-1.5=\frac{\text{均衡产出增加数量}}{-\text{政府税收减少数量}}=\frac{50}{-\text{政府税收减少数量}}$。

由此得到政府税收减少数量$=\frac{100}{3}\approx 33$亿元。

3. 在某国经济体系中，1份政府债券的到期价格为120元，1年后到期，当前债券价格为115元。

（1）政府债券的1年期利率为多少？

（2）如果当前债券价格为110元，则该政府债券的利率为多少？

解答：（1）如果当前债券价格为115元，则政府债券的1年期利率$=\frac{\text{政府债券到期价格}-\text{当前债券价格}}{\text{当前债券价格}}\times 100\%=\frac{120-115}{115}\times 100\%\approx 4.3\%$。

（2）如果当前债券价格下降为110元，则政府债券的1年期利率$=\frac{\text{政府债券到期价格}-\text{当前债券价格}}{\text{当前债券价格}}\times 100\%=\frac{120-110}{110}\times 100\%\approx 9.1\%$。

4. 如果法定准备金率 $r=0.2$，现金存款比率 $r_C=\frac{\text{现金}}{\text{存款}}=0.3$，货币创造乘数 $mm=\frac{1+r_C}{r+r_C}$。

（1）货币创造乘数为多少？

（2）如果增加基础货币50亿元，那么货币供给总量将会增加多少？

解答：（1）货币创造乘数 $mm=\frac{1+r_C}{r+r_C}=\frac{1+0.3}{0.2+0.3}=\frac{1.3}{0.5}=2.6$。

（2）如果增加基础货币50亿元，那么货币供给总量将会增加 $50\times 2.6=130$ 亿元。

5. 如果边际消费倾向 $b=0.75$，税率 $t=0.2$，在采取比例税制的条件下：

（1）政府购买乘数为多少？

（2）在其他因素不变的条件下，如果政府购买增加50亿元，那么均衡产出将会增加多少？

解答：（1）政府购买乘数$=\frac{1}{1-b\times(1-t)}=\frac{1}{1-0.75\times(1-0.2)}=2.5$。

（2）如果要使均衡产出增加50亿元，那么政府购买应该增加$50\times2.5=125$亿元。

6. 如果边际消费倾向$b=\frac{1}{3}$，税率$t=0.4$，在采取比例税制的条件下：

（1）政府购买乘数为多少？

（2）在其他因素不变的条件下，如果要使均衡产出增加50亿元，那么政府购买应当增加多少？

解答：（1）政府购买乘数$=\frac{1}{1-b\times(1-t)}=\frac{1}{1-\frac{1}{3}\times(1-0.4)}=1.25$。

（2）政府购买增加$=\frac{50}{1.25}=40$亿元。

7. 如果边际消费倾向$b=0.75$，在采取总量税的条件下：

（1）政府购买乘数为多少？

（2）转移支付乘数为多少？

（3）税收乘数为多少？

解答：（1）政府购买乘数$=\frac{1}{1-b}=\frac{1}{1-0.75}=4$。

（2）转移支付乘数$=\frac{b}{1-b}=\frac{0.75}{1-0.75}=3$。

（3）税收乘数$=\frac{-b}{1-b}=\frac{-0.75}{1-0.75}=-3$。

8. 如果边际消费倾向$b=0.75$，税率$t=0.2$，在采取比例税制的条件下：

（1）政府购买乘数为多少？

（2）转移支付乘数为多少？

解答：（1）政府购买乘数$=\frac{1}{1-b\times(1-t)}=\frac{1}{1-0.75\times(1-0.2)}=2.5$。

（2）转移支付乘数$=\frac{b}{1-b\times(1-t)}=\frac{0.75}{1-0.75\times(1-0.2)}=\frac{15}{8}=1.875$。

9. 根据凯恩斯主义的观点，假定货币数量的交易性需求函数为$k(y)=10+0.4y$，货币数量的投机性需求函数为$h(r)=20-0.2r$，实际货币供给量为50亿元。

（1）求解LM曲线方程。

（2）如果IS曲线方程为$y=1\ 200-25r$，那么当产品市场和货币市场同时实现均衡时，均衡产出为多少？

解答：（1）根据题意，在货币市场实现均衡条件下，得到 *LM* 曲线的实现条件。

货币交易性需求+货币投机性需求=实际货币供给。

代入已知条件得到：$10+0.4y+20-0.2r=50$。

整理得到：$y=50+5r$，即所求的 *LM* 曲线方程。

（2）当产品市场和货币市场同时实现均衡时，*LM* 曲线方程与 *IS* 曲线方程结合，得到方程组：

$$\begin{cases} y=50+5r \\ y=1\ 200-25r \end{cases}$$

联立求解得到：均衡产出 $y\approx241.67$。

10. 假定家庭消费函数为 $c=90+0.8y$，企业投资函数为 $I=100-5r$，政府购买 $G=60$，货币需求函数为 $L=0.4y$，实际货币供给量为 150 亿元。

（1）求解 *IS* 曲线方程。

（2）当产品市场和货币市场同时实现均衡时，均衡产出和均衡利率分别为多少？

解答：（1）根据产品市场均衡条件，$y=C+I+G$。

代入已知条件得到 $y=90+0.8y+100-5r+150$。

整理得到：$y=1\ 700-25r$，即为所求的 *IS* 曲线方程。

（2）当货币市场同时实现均衡时，联立 *IS* 曲线方程和 *LM* 曲线方程，得到：

$y=1\ 700-25r$，$0.4y=150$。

求解得均衡利率 $r=53$，均衡产出 $y=375$。

五、论述题

1. 前些年，中央政府曾经采取“四万亿元财政政策”，请运用相关理论阐释这种政策措施的基本机理和政策效果。

解答：（1）“四万亿元财政政策”属于扩张性财政政策，可以运用 *IS-LM* 模型进行分析。

（2）在 *IS-LM* 模型中，*IS* 曲线意味着产品市场均衡，产出与利率呈反向变动关系；在 *y-r* 坐标系中，*IS* 曲线向右下方倾斜。*LM* 曲线意味着货币市场均衡，产出与利率呈同向变动关系；在 *y-r* 坐标系中，*LM* 曲线向右上方倾斜。

（3）当中央政府采取“四万亿元财政政策”时，表现在 *IS-LM* 模型中，*IS* 曲线向右移动，使得均衡利率上升，均衡产出增加。（图略）

（4）“四万亿元财政政策”也具有一些局限性，如忽视了不同消费者群体的政策敏感程度。

2. 中央银行如何调整法定准备金率来改变社会流通的货币数量，请结合其他货币政策工具特点，探讨法定准备金率的优点和缺点。

解答：（1）法定准备金率的作用机制。当中央银行提高法定准备金率时，商业银行需要的银行储备金增加，从而使能够贷放出来的货币数量减少，进而减少公众手中的货币数量。当中央银行降低法定准备金率时，商业银行需要的银行储备金减少，从而使能够贷放出来的货币数量增加，进而增加公众手中的货币数量。

（2）对比“三大货币政策工具”，法定准备金率是“最重要的谨慎使用工具”，公开市场业务是“日常使用手段”，再贴现率是“补充手段”。

（3）法定准备金率的优点是影响面广泛，微小调整能够引起均衡产出的大幅度变动。

（4）法定准备金率的缺点是作用链条很长，作用过程中存在着“漏出效应”，我们必须结合现金数量、活期存款、定期存款等进行考察。其作用结果对中央银行具有模糊性。

3. 如果中央政府推出一项政策，积极促进技术水平提高，那么将会导致社会均衡产出如何变动？请运用相关理论阐释这项政策的基本机理和政策效果。

解答：（1）中央政府推出政策，促进技术水平提高，属于扩张性总供给政策，可以运用 *AD-AS* 模型进行分析。

（2）在 *AD-AS* 模型中，*AD* 曲线意味着总需求方面因素的“均衡”，主要是产品市场均衡和货币市场均衡。在 *P-Y* 坐标系中，*AD* 曲线向右下方倾斜。*AS* 曲线意味着总供给方面因素的“均衡”，主要是劳动力市场均衡。在 *P-Y* 坐标系中，*AS* 曲线向右上方倾斜。

（3）当中央政府采取扩张性总供给政策时，将会引起总供给曲线 *AS* 向右移动，从而导致均衡价格下降和均衡产出增加。

（4）*AD-AS* 模型仅仅关注了产品市场、货币市场、劳动力市场，而忽视了其余市场的作用。

4. 如果中央银行向公众回购大量国债，请运用相关理论阐释这项政策措施的基本机理和政策效果。

解答：（1）中央银行向公众回购国债，属于扩张性货币政策，可以运用 *IS-LM* 模型进行分析。

（2）在 *IS*-*LM* 模型中，*IS* 曲线意味着产品市场均衡，产出与利率呈反向变动关系；在 *y*-*r* 坐标系中，*IS* 曲线向右下方倾斜。*LM* 曲线意味着货币市场均衡，产出与利率呈同向变动关系；在 *y*-*r* 坐标系中，*LM* 曲线向右上方倾斜。

（3）当中央政府向公众回购大量国债时，表现在 *IS*-*LM* 模型中，*LM* 曲线向右移动，使得均衡利率下降，均衡产出增加。（图略）

5. 如果中央政府增加政府支出，就会引起社会总需求增加。请运用 *AD*-*AS* 模型分析这项政策措施的基本机理和政策效果。

解答：（1）中央政府增加政府支出，引起社会总需求增加，属于扩张性总需求政策，可以运用 *AD*-*AS* 模型进行分析。

（2）在 *AD*-*AS* 模型中，*AD* 曲线意味着总需求方面因素的"均衡"，主要是产品市场均衡和货币市场均衡。在 *P*-*Y* 坐标系中，*AD* 曲线向右下方倾斜。*AS* 曲线意味着总供给方面因素的"均衡"，主要是劳动力市场均衡。在 *P*-*Y* 坐标系中，*AS* 曲线向右上方倾斜。

（3）当中央政府采取扩张性总需求政策时，将会引起总需求曲线 *AD* 向右移动，从而导致均衡价格上升和均衡产出增加。

第八章
经济增长参考答案

一、单项选择题

1. D	2. A	3. A	4. C	5. D	6. D	7. B	8. A	9. B	10. C
11. D	12. B	13. C	14. D	15. D	16. B	17. A	18. A	19. D	20. B
21. C	22. A	23. B	24. A	25. C	26. C	27. D	28. B	29. A	30. D
31. A	32. C	33. B	34. B	35. C	36. D	37. D	38. C	39. B	40. D
41. C	42. B	43. D	44. A	45. D	46. C	47. C	48. D	49. D	50. B
51. D	52. C	53. B	54. C	55. A	56. B	57. B	58. D	59. C	60. C
61. C	62. B	63. D	64. A	65. B	66. C				

二、判断题

1. F	2. F	3. F	4. T	5. F	6. T	7. T	8. T	9. F	10. F
11. T	12. T	13. F	14. F	15. T	16. T	17. T	18. F	19. F	20. F
21. F	22. F	23. T	24. T	25. T	26. F	27. F	28. T	29. T	30. F
31. T	32. T	33. F	34. F	35. T	36. T	37. T	38. T	39. T	40. T
41. F	42. F	43. F	44. F	45. F	46. T	47. T	48. T	49. F	50. F
51. F	52. F								

三、简答题

1. 请简述长期经济增长的典型事实。

解答：世界各国或地区间生活水平差距较大；国家间收入增长率差距较大；国家或地区投资率与人均收入正相关；各国或地区的人口增长率与人均收入负相关。

2. 什么是新古典增长模型的稳态，一国经济处于稳态的条件是什么？

解答：当人均资本存量保持稳定不变的状态称为稳态。稳态的条件是人均投资（或人均储蓄）等于平衡投资。

3. 在未包含技术进步的新古典增长模型中，如果一国经济处于稳态，请简述该国储蓄率提高的短期影响和长期影响。

解答：（1）短期影响。储蓄率提高使得人均投资大于临界投资，人均资本水平提高，引起总产出和人均产出提高。

（2）长期影响。新增人均投资逐渐降低，最终等于临界投资，经济达到新的稳态。总产出增长率回落到人口增长率水平，人均产出增长率为 0。

4. 为什么在新古典增长模型中，储蓄率的提高只有水平效应，没有增长效应？

解答：因为储蓄率的提高使得稳态时的人均收入水平提高，但不会影响人均收入水平的增长率。

5. 索洛经济增长模型中，技术进步如何影响资本积累的稳态水平？

解答：假设技术进步增长率为 g，技术进步使得劳动效率水平提高速度为 g，有效劳动的增长率变为 $n+g$，技术进步对稳态资本水平的影响与人口数量增长效应类似，平衡投资需要补偿劳动效率提高而新增加的资本为 gk。因此，技术进步会使稳态时的人均资本存量提高，资本总量的增长率为 $n+g$，人均资本的增长率为 g。

6. AK 模型的关键假设是什么？为什么在该模型中储蓄率的改变会影响长期经济增长率？

解答：关键假设是资本的边际产出不变。在 AK 模型中，产出的增长率为 $sA-\delta$，因此储蓄率 s 的改变将影响经济增长率。

7. 在新古典增长模型中，当经济处于稳态时人口增长率提高对经济会产生什么影响？

解答：人口增长率的提高使临界投资水平提高，经济会更快达到稳态。改变后稳态的人均资本和人均产出水平将低于原来的稳态值。

8. 假设总量生产函数为 $Y=AF(K, N)$，请推导增长核算方程。

解答：$Y=AF(K,L)$

$\ln Y=\ln[AF(K,L)]$

$\mathrm{d}\ln(Y)=\mathrm{d}\ln[AF(K,L)]$

$$\frac{\Delta Y}{Y}=\frac{1}{Y}\frac{\partial F(\cdot)}{\partial K}\Delta K+\frac{1}{Y}\frac{\partial F(\cdot)}{\partial L}\Delta L+\frac{\Delta A}{A}$$

$$\frac{\Delta Y}{Y}=\frac{1}{Y}MPK\cdot K\frac{\Delta K}{K}+\frac{1}{Y}MPL\cdot L\frac{\Delta L}{L}+\frac{\Delta A}{A}$$

$$\frac{\Delta Y}{Y}=\alpha\frac{\Delta K}{K}+(1-\alpha)\frac{\Delta L}{L}+\frac{\Delta A}{A}$$

产出增长率=资本的贡献+劳动的贡献+全要素生产率的贡献

经济增长的三个源泉：资本增长率、劳动增长率、全要素生产率增长率。

9. 什么是经济发展战略？目前，世界各国主要有哪些经济发展战略？

解答：经济发展战略是一国对实现既定经济目标所需要的发展次序和重点的考虑与安排。世界各国主要的经济发展战略有满足基本需要的发展战略、工业化优先战略、平衡增长战略、不平衡增长战略、进口替代战略、出口导向战略。

10. 依据新古典增长模型，越贫穷的国家的资本边际产出越高，则越能吸引国外投资。这种说法正确吗？为什么？

解答：不正确。外部资金的流入不仅要考虑资本的边际收益，还会受到当地的法制、社会稳定性、基础设施水平、劳动者素质等多种因素的影响。

四、计算题

1. 假定某一时期一国资本（K）的增长率为3%，劳动（N）的增长率为2%，实际产出的增长率为6%。统计数据显示该国资本的收入份额为0.3，劳动的收入份额为0.7。

（1）依据增长核算方程计算全要素生产率的增长率。

（2）假设该国政府的一项投资税收减免政策使其资本的增长率提高1%，则产出的增长率提高多少？

解答：（1）全要素生产率的增长率=6%-(0.3×3%+0.7×2%)=3.7%。

（2）如果资本增长率提高1%，产出增长率为=3.7%+0.3×(3%+1%)+0.7×2%=6.3%

2. 假设生产函数为 $Y=K^{1/4}(AN)^{3/4}$，资本的平均使用年限为10年，人口增长率为4%，技术进步率为2%，储蓄率 $s=0.2$。

（1）写出有效工人人均产出方程。

（2）稳态时的有效工人人均资本、人均产出、人均消费、人均储蓄、人均投资是多少？

（3）总产出、人均产出、人均储蓄和人均消费的稳态增长率是多少？

解答：（1）$y=k^{1/4}$。

（2）由稳态条件 $sf(k)=(n+\delta+g)k$，$0.2\times f(k)=(0.04+0.1+0.02)k$。稳态时，$k=(5/4)^{4/3}\approx 1.35$，$y=(5/4)^{1/3}\approx 1.08$，$c=0.8\times(5/4)^{1/3}\approx 0.86$，$s=I=1.08-0.86=0.22$。

（3）总产出的增长率$=n+g=6\%$，人均产出、人均储蓄和人均消费的增长率为2%。

3. 假设一个国家的人均生产函数为 $y=k^{\frac{1}{2}}$，其中 y 和 k 分别为人均产出和人均资本。如果储蓄率为28%，人口增长率为2%，折旧率为2%。

（1）该国稳定状态的人均资本和人均产出是多少？

（2）如果储蓄率下降10%，而人口增长率上升到4%，其他条件不变，该国稳定状态的人均产出是多少？

解答：（1）由稳态条件 $sf(k)=(n+\delta)k$，$0.28\times f(k)=(0.02+0.02)k$，稳态时，$k=49$，$y=7$。

（2）由稳态条件$(0.28-0.1)\times f(k)=(0.04+0.02)k$，稳态时，$k=9$，$y=3$。

4. 假设某国的总量生产函数为 $Y=K^{1/3}(AN)^{2/3}$，储蓄率为0.24，人口增长率为0.02，折旧率为0.03，A 的增长率为0.01。

（1）写出有效工人人均产出方程。

（2）求稳态时的有效工人人均资本和有效工人人均产出及人均资本的边际产出。

（3）稳态时总产出、人均产出和有效工人人均产出的增长率分别是多少？

解答：（1）$y=k^{1/3}$。

（2）由稳态条件 $sf(k)=(n+\delta+g)k$，$0.24\times f(k)=(0.02+0.03+0.01)k$，稳态时，$k=8$，$y=2$，$MPK=1/3\times k^{2/3}=1/3\times 8^{2/3}\approx 0.08$。

（3）稳态时总产出的增长率为$=n+g=3\%$，人均产出、人均储蓄和人均消费的增长率为1%。

五、论述题

1. 二战中，德国和日本的国内资本尽管受到摧毁，但两国经济在二战后经历了一段快速增长时期。请利用新古典增长模型分析：

（1）二战后德国和日本的总产出是高于还是低于劳动增长率。

（2）二战中德国和日本资本的摧毁对其劳均资本和劳均产出的长期影响如何？

解答：(1) 总产出增长率高于劳动增长率。

(2) 从长期来看，德国和日本的人均资本存量会恢复到二战前的稳态水平，因此对其劳均资本和劳均产出没有影响。

2. 假设一国遭遇战争，战争没有直接影响资本存量，但人员死伤减少了劳动力数量，战后人口增长率与战前相同。战前该国经济处于稳态，请分析：

(1) 战争对总产出和人均产出的瞬时影响如何？

(2) 战后经济的人均产出将发生什么变化？

解答：(1) 人口减少，使得人均资本存量增加，人均产出增加，总产出下降。

(2) 由于人口增长率不变，随着人口数量的增加，人均资本存量将减少，经济恢复到最初稳态状态，人均产出水平恢复到战前状态，人均产出增长率取决于技术进步率。

3. 假设一国经济处于稳态，该国政府为了进一步提高投资率，因此提高了储蓄率。请画图分析储蓄率的提高对该国人均产出、人均消费以及总产出的动态影响。

解答：储蓄率提高后，短期提高人均产出，长期经济达到新的稳态，人均产出水平取决于技术进步。短期由于储蓄率的提高，人均消费水平将下降，随着人均收入水平的提高，人均产出将逐步提高；长期经济达到新的稳态，人均消费水平取决于技术进步。总产出水平持续提高，其增长率取决于人口增长率和技术进步率。(图略)

4. 很多经济落后国家人均收入水平较低，普遍缺乏资本，且人口众多。请依据新古典增长理论为这些贫穷国家的政府提供有助于其追赶上发达国家的政策建议。

解答：(1) 经济发展的典型特征是投资率与人均收入水平成正比，人口增长率与人均收入水平成反比。落后国家投资率低，人口众多，都不利于人均收入水平的提高。

(2) 依据新古典增长模型，$y=f(k)$，$\Delta k=sf(k)-(n+\delta+g)k$，因此要提高人均资本则需要提高储蓄率、技术进步率，降低人口增长率。

(3) 政府可以通过财政政策鼓励私人储蓄和公共储蓄，通过增加教育投入及研发支出来增加人力资本，推动技术进步，加强知识产权保护，鼓励创造发明，建立完善的市场制度，鼓励自由竞争等。

5. 2017 年中国共产党第十九次全国代表大会首次提出中国经济由高速增长阶段转向高质量发展阶段。高质量发展需要创新驱动。习近平总书记指出，创新驱动实质上是一种经济发展方式，是经济增长动力由资源、投资等要素向知识、创新、人力资本等高级要素转换的过程，是不断提高发展质量的过程。请结合新古典增长理论和增长核算方程分析我国经济由高速增长转向高质量增长的内涵、理论依据以及政策建议。

解答：(1) 内涵。上述材料说明高质量的增长不再依赖资本和劳动数量的投入，

而是需要技术进步、科技创新的全要素生产率提高。

（2）新古典增长模型的结论表明经济长期将趋于稳态，人均收入水平的提高取决于外生的技术进步，因此应该依赖技术创新。增长核算方程将经济增长率分解为资本增长率、劳动增长率以及全要素生产率增长率。长期而言，资本和劳动的增长有限，还需要全要素生产率的增长。

（3）国家应更加注重技术进步对经济持续增长的影响，可以通过提高效率和集约化程度来实现高质量发展；通过经济结构优化来实现高质量发展；通过增长动力转换来实现高质量发展。

6. 据新加坡《联合早报》报道，中国为2018年的经济增速定下了6.5%左右的目标，低于2017年实际取得的6.9%的增长，显示出中国将经济发展目标从重速度改为重质量。虽然6.5%左右的增长预期与2017年相同，但中国政府显然是要把注意力引导到高质量发展上来。请利用新古典增长模型分析为什么我国政府主动下调经济增长率目标。

解答：依据新古典增长模型，一个经济体在经济发展初期的人均资本水平较低时，人均投资大于临界投资，能够促使人均产出的增长率大于人口增长率，人均收入水平能以较快速度增长。但就长期而言，经济将会达到稳态，经济增速将下降，并取决于外生的技术进步，如果技术进步率为0，人均收入将保持不变。随着我国收入水平的提高，我国政府将增长目标逐步下调，使之符合经济增长的规律。同时，将发展重点放在高质量增长上，表明国家重视技术进步对经济持续增长的作用。